もっと想像力を使いなさい

孝
Takashi Saito

はじめに――すべては「想像すること」から始まる

私が、これまで仕事で成果を上げ、人間関係を築き、リスクを回避するために一番使った力、それは**想像力**だと思います。

その体験を踏まえて、想像力の重要性や使い方、伸ばし方について、大学でも学生たちへ教えてきましたし、各地の講演会でも多くの参加者のみなさんへお伝えしてきました。

今ほど想像力が求められている時代はありません。日々、インターネットやテレビや新聞などで報道される事件やトラブルを見聞きするにつけ、「何でそうなることを想像できなかったんだろう……」とか、「そんなことをしたら相手がどう思うか、想像できなかったのか……」などと思うことがよくあります。

例えば以前、大学入学共通テストの問題が試験中に外部に流出した事件がありました。受験した少女がスマートフォンを上着の袖に隠して問題を撮影し、その画像を自身が受講登録していた家庭教師サイトに送信し、そこの東大生の講師に答えを教えてもらおうとしたのです。

この事件が発覚して大きく報道されると、それを見た少女は、「とんでもないことをしたと思った」と警察署へ自首しました。

なぜ彼女は、世間で大騒ぎになるまで、自分が「とんでもないことをした」ことに気づかなかったのでしょうか？

もう一つ例を挙げましょう。ある飲食チェーン店の役員が大学の社会人向けマーケティング講座で、飲食店を若い女性層に継続的に利用してもらう戦略について、「生娘をシャブ（薬物）漬け」などと表現し、「田舎から出てきた右も左も分からない若い女の子を無垢《む く》、生娘なうちに中毒にする」と発言したそうです。これが講座参加者と思われる人によってインターネットの交流サイト（SNS＝ソーシャル・ネットワーキング・サービス）上に投稿されると、批判のコメントが殺到し、大きな騒ぎとなりました。

その企業はすぐさま、「極めて不適切であり、人権・ジェンダー問題の観点からも到底許容できるものではない」と謝罪し、この役員を解任しました。

なぜ彼は、そうした発言を不適切とは考えずに言ってしまったのでしょうか？

これらの問題がなぜ起こったか突き詰めて考えていくと、私は結局のところ、「**想像力**

が足りない」からではないかと思っています。

前者の入試不正の件では、彼女なりに知恵を絞ってその方法を考え出し、うまくいくと思って実行に及んだのでしょうが、バレるかもしれない、バレたら捕まるかもしれない、というところまでは想像が及ばなかったようです。

また、後者の問題発言の件では、こうした刺激的な発言をしたら受講者にウケるとでも思ったのでしょうが、彼は受講者が自分の発言をどう受け取るか、受講者の立場になっての想像ができていませんでした。

多くの人は、「想像力」と聞くと、小説家や漫画家、映画監督、芸術家、ミュージシャンなどのアーティストがゼロから作品を生み出すための、ある種の「特別な力」のことを思い浮かべるようです。

しかし、想像力とはアーティストだけが使う特別な力ではありません。想像力とは、「**無いものを頭の中で目に見えるように描く力**」であり、誰でも持っている能力です。

天才チンパンジー「アイ」の研究で知られる元京都大学霊長類研究所所長の松沢哲郎さんは、**人間とチンパンジーの違いは、「想像する力」の有無である**と言います。

チンパンジーに想像する力がないわけではないのですが、人間の方がその時間と空間の広がりが非常に大きいそうです。チンパンジーは「いま、ここ」の世界を生きていますが、人間は自分が生まれる前の遠く離れた過去や、自分が死んだ後の遠い未来を想像することができます。人間は、「私が死んだ後、子どもたちや孫たちはどうなるのだろう？」と考えたり、地球の裏側で苦しんでいる人々に心を寄せたりすることができると、松沢さんは述べています。

私たちは日常生活や職場で、計画を立てたり、相手の気持ちを慮《おもんぱか》ったり、子どもの将来に想いを馳せたりと、常に想像力を働かせながら生きています。

今晩の夕食は何にしようか――。
次の休日にはどこへ行こうか――。
大切な人へどんなプレゼントを贈ろうか――。
この仕事はどのような段取りで進めていこうか――。
ウチの子は将来、どんな大人になるかな――。

つまり、**私たちの言動はすべて「想像すること」から始まる**と言っても過言ではありません。これは、**「何をどのように想像するか」によって私たちの言動は決まる**ということでもあります。

私たちは日々の生活の中でいろいろ失敗することがあります。


スーパーに買い物に行ったが、調味料を買い忘れた。

ある企画のプロジェクトを進めているが、期日までにとても終わりそうもない。

恋人に不用意な一言をつい言ってしまったら、その後、連絡がない。

ＳＮＳで投稿した内容が炎上した。


こうしたうっかりミスや、「そんなつもりじゃなかったのに……」という失敗の多くも、原因を突き詰めて考えていくと、結局は**想像できていなかったが故にそのような言動をしてしまった**ということがほとんどなのです。ですので、こうした失敗も、**想像力を発揮することによって未然に防げる**ようになります。

本書は、**日常生活をより快適に過ごすために、もっと想像力を使いましょう**というテーマで執筆しました。

詳しくは本書の中で説明しますが、本書では想像力をその働きによって、

① **対人想像力**
② **クリエイティブ想像力**
③ **未来想像力**

の三つに分けて論じていきます。私たちが今まで何気なく使ってきた想像力を、その働きをより意識することによって主体的に活用できるようになれば、人とのコミュニケーションが円滑になり、日常生活や仕事上のミスやトラブルなどについても、「うっかり」「まさか」「想定外」といったことが減り、また、物事の思慮が深まることによって、人生がより豊かなものになっていくことでしょう。

本書を読んで、日常生活やビジネスの場面などで想像力を存分に発揮できるようになり、みなさんの生活がより豊かになれば、著者としては本望です。

◉目次

第5章　もっと想像力を使うために

第1章　想像力が足りない！

他者を理解するのにも必要な想像力

想像力とは、**「無いものを頭の中で目に見えるように描く力」**ですが、想像力は**他者理解**とも密接に結びついています。

「もっと相手の気持ちを考えてあげていたら……」

「もっと場の空気を読めていれば……」

と後悔した経験は、誰にでもあるのではないでしょうか。

他者を理解しようとする時、人は必ず想像力を使っています。「理解する」ということは、分からなかったことが分かる働きです。

しかし、他者は自分とは異なる存在であるため、理解する対象はその時点では自分の中にはありません。そうした自分の中にはない「異質な他者」を理解しようとするには、まずは想像力を使って他者に対してアプローチするしかありません。

つまり人間の理解力を支えているのが想像力であり、自分と他者をつないでいる力そのものということです。そう考えていくと、実は**理解力のある人というのは、想像力を常に働かせている人**と言えます。

他者への配慮が求められる時代

現代は、ハラスメント（harassment ＝迷惑をかける、嫌がらせをすること）や、コンプライアンス（compliance ＝法令遵守）という問題が常にあります。昭和の時代でしたら傍若無人に振る舞っても許されたようなことでも、今の時代には、「これを言ったらこの人がこう傷つくだろう、だからやめておこう」という配慮が求められる時代です。

例えば、一昔前まではスポーツの監督やコーチが勝利のために選手たちを叱咤激励し、時には「愛のムチ」で活を入れながら猛練習をさせるのは当たり前でした。勝つためには鉄拳制裁でさえ正当化されていました。勝てば監督やコーチは名将とされ、猛練習やシゴキも美談とされました。

しかし、今は体罰などはもってのほか、叱咤激励も言い方に十分気をつけなければ、選手や保護者からクレームがつけられかねません。

また、ある市では、市長がその政策については市民から一定の評価を得ながらも、部下への暴言が暴露されてネット記事やSNSなどであっと言う間に拡散して炎上し、辞任に追い込まれたことがありました。

こうしたパワハラ(パワーハラスメント=自らの権力や立場を利用した嫌がらせ)や、セクハラ(セクシャルハラスメント=性的嫌がらせ)に関する問題は、昔では当たり前のこととされ、誰も問題にせず、被害者は泣き寝入りするしかありませんでした。

ですが、社会は進化しています。1980年代にセクハラ、2000年代にパワハラという概念が提唱されて、問題視されるようになったのです。

今では、モラハラ(モラルハラスメント)やマタハラ(マタニティーハラスメント)など、「◯◯ハラスメント」という言葉はさらに増えました。たとえ自分では良かれと思ってやった言動でも、相手に不快感を抱かせればハラスメントになってしまう、そういう時代に私たちは生きています。

もう昔とは違います。企業もハラスメントへの適正な対応が求められています。社会規範に反することなく、公正・公平に業務を進めていかなければなりません。

だから私たちは、事前に周りの状況や相手に対して十分に配慮して、「このようなことを言ったら、このようなことをしたら、相手に嫌な思いをさせるかもしれない」といった気遣いを、これまで以上にしなくてはならないのです。

昔風のリーダーシップは「パワハラ」認定

その一方で、別の「小さな声」も聞こえてきます。それは、「どんな指示を出すのもパワハラのように思えてくる」という上司の嘆きです。会社では上司として、部下に仕事の指示をしなければいけません。時には注意、叱責することもあります。ですが、「パワハラだ」と言われることを恐れて、何も言えなくなってしまうというのです。

今時の上司は大変です。昔でしたら、「おまえら、これやっとけ」と指示して済んでいたことでも、今はそのような昔風のリーダーシップは、「パワハラ」と言われる可能性があるわけです。そして、そのような上司を野放しにしている企業は「ブラック企業」と呼ばれて、社会からの糾弾を受けてしまいます。

社員が「嫌だ、嫌だ」とその仕事を完全に嫌がってノイローゼ気味なのにもかかわらず、「仕事を何だと思っているんだ」「医者に行くのは、おまえに怠け心があるからだ」とか、「それは、うつ病なんかじゃなくて、やる気の問題だろ」「とりあえず会社に来て働くんだよ」などということを言う上司は、以前はたくさんいました。こういう上司に追い込まれて、精神を病んだり、過労のために自殺してしまうケースもありました。

これからの時代は、そのような上司はどこの業界でも一斉に絶滅危惧種になっていくでしょう。もう生き残ることはできません。

なぜなら、会社にとっては、そういう人こそが最大のリスクになるからです。社員が自殺をしてしまったら、社会的に徹底的に叩かれます。飲食店などで、「あのお店はブラック企業だ」という噂を立てられたら、ＳＮＳで情報が拡散されて批判が殺到するでしょう。

昔でしたら、こうした問題を社内で隠蔽《いんぺい》することもできたでしょう。けれども、現代ではもうできません。ＳＮＳ全盛の時代ですし、しかも、スマートフォンを使って録画・録音などが容易にできます。肉声が録音されていたりしたら、一発退場ものです。ＳＮＳ上で動かぬ証拠として、音声と共に見ず知らずの人たちにどんどん拡散されていくからです。

相手が「セクハラだ」と感じればセクハラになる

セクハラも同様です。当人が普通に会話をしていたつもりでも、もし相手に、「セクハラだと感じました」と言われたらセクハラになってしまうことがあるのです。ある女性社員とはごく普通の会話として成立していても、別の女性社員にとってはセクハラだと思われてしまうかもしれません。

私も以前は学生の飲み会に誘われて参加していましたが、コロナ禍前くらいから機会がだんだん減っていったような気がします。もちろん忙しかったりいろいろと理由はあるのですが、ハラスメントのリスクがあるというのも一因です。よく知っている間柄同士でも危険性があるのに、あまり知らない人たちが集まる飲み会ならば、それ以上に注意が必要です。

授業中はもちろんですが、大学ではハラスメントを疑われる可能性のある言動は絶対にしません。けれども飲み会というのは和気あいあいとしていて、場の空気を和ませるためにお互いに軽口を叩き合ったりするものです。

「で、どうなの？　みんな彼氏とか彼女とかいるの？」

くらいの会話は問題ないようにも思えます。しかし、聞かれた学生に、

「絶対に触れられたくないところに触れられた」

「傷ついてトラウマになり、先生の授業には出られなくなった」

などと言われてハラスメントになるかもしれません。そういうことを想像すると、危なくてもう自分から恋愛の話はできません。


近年では、とりわけ女性に対する差別発言が許されない時代になっています。「男女を区別する」ということ自体がすでに差別と指摘されることもあります。「女性が多い」「女性ならば」「男性ならば」といった言い方自体が問題になることもあります。

私たちはパワハラやセクハラと思われる言動を避けるために、まずは、「こうした言動はパワハラやセクハラと思われるかもしれない」ということに気づく必要があります。そのためには、これを言ったら、これをしたら、**「相手はどう思うだろうか」**と想像力を働かせて、された相手がどういう反応をするか、事前に想定した上で、発言したり、行動したりしなければならないのです。

「テレビがつまらなくなった」と言われる理由

「テレビがつまらなくなった」と、近年よく言われます。本当につまらなくなっているかどうかは分かりませんが、昔よりは多様な視聴者に配慮した番組作りがなされていることは間違いありません。この内容で傷つく人がいるのではないか、差別や偏見を助長しているのではないか、と制作に携わる人々はみんなとても気を配っています。

現代は、特に公の場では言ってはいけないことがとても増えました。しかし、それを「面倒くさい風潮だ」と思う人は、ある時うっかり失言してしまったり、ハラスメントをしてしまったりするかもしれません。

テレビ局の人と、「5年前だったらコメンテーターのこういう発言は許されたけど、今はもう許されないですよね」という話をよくしますが、世間の目というものは半年くらいで変わると言います。現代では、それくらいの社会的な感覚を持っていないと、世の中の流れから取り残されてしまいます。

私もテレビ番組にコメンテーターとして出演する時などは、

「では、〝おてんば〟という表現は問題ないですか？」

「じゃあ、〝女だてらに〟はどうでしょう？」

などと事前の打ち合わせでは表現一つにも気を配りながら、本番でコメントしています。

昭和や平成初期のドラマや映画を放送する場合に、「不適切な表現があります」と「但し書き」が付いていることがあります。それは常識が変わったということの証明です。

物理学者のアインシュタインは、「常識とは18歳までに身につけた先入観のコレクションである」と言っています。なかなか辛辣な表現ではありますが、真理を突いています。

「昭和の時代はあんなことやこんなことができて良かった」という話はたしかに刺激的で面白いですし、私も好きです。ですが、それはもう気分だけなのです。実際には、社会は常識がどんどんとアップデートされています。

テレビ番組に関する苦情や放送倫理の問題に対応する第三者機関であるＢＰＯ（放送倫理・番組向上機構）は、２０２１年8月24日に、「痛みを伴うことを笑いの対象にするバラエティー番組を審議の対象にする」と表明しました。また、出演者の芸人の体型的な特徴をいじったりするのにも、芸人本人がどんどんやってほしいと思っても、視聴者が不快に思わないか配慮しなければならなくなりました。

こうした配慮はテレビ業界の中だけの話ではありません。私たちも日常的に行わなければならないことなのです。そう考えると今の時代、**他者へさまざまな配慮をするための想像力は必須の能力**ということが分かります。

「気づく人」と「気づかない人」

だから、私たちは想像力をもっと意識的に働かせなければなりません。何か特別な架空のフィクションをうまく作る能力だけが想像力では必ずしもありません。何を想像するのか、それが日々、本当に問われています。

想像力を働かせる例を挙げてみましょう。

歩道を歩いていたら、道路に小さな窪みがありました。たった5センチぐらいの窪みです。これを見て、あなたは何を思うでしょうか。

その窪みをまたいでそのまま通り過ぎる人、これは想像力を使っていない人です。

想像力のある人は、この窪みを見つけて、お年寄りだと足が引っかかって転んで骨を折るかもしれない、と想像することができるでしょう。あるいは、車椅子の人がタイヤを引っかけてしまうかもしれないと想像することもできます。

そこからさらに想像力を進めていくと、窪みを埋めるとか、注意書きの看板を立てるとか、対応の仕方にまで考えが及ぶでしょう。

世の中には、俗に言う**「気づく人」**と**「気づかない人」**がいます。その違いは何なのかと言うと、**想像力を使っているかどうか**の違いなのです。

私たちの日頃の何気ない行動も、想像力に支えられています。想像力を働かせることによって、この先どうなっていくのかという予測ができると、**現在の行動の選択肢が増えます。**「気づかない人」には見えない選択肢が、「気づく人」には見えるのです。

想像力の三つの分類——対人想像力、クリエイティブ想像力、未来想像力

想像力というのは、私たちが思っているよりもずっと身近で、生活のさまざまな場面で使うことができる**技**です。そのことに気づくだけでも想像力は活発化します。想像力は後天的に高めることができる技術です。

ただし、一口に想像力と言っても、その働きは大きく三つに分けられます。自分と他人

とをつなぎ、人間の理解力全般を支えている「**対人想像力**」、新しいものを生み出す「**クリエイティブ想像力**」、そして、先を見通して予測する「**未来想像力**」です。

①対人想像力

一つ目は、対人想像力です。相手がどういう状態であり、何を考えているか、どう思っているか、そうした他者の気持ちや考えを想像することです。

他者理解の根底にあるのは想像力です。人は多かれ少なかれ、「何でもっと相手の気持ちを考えてあげられなかったんだろう」と後悔した経験があるかと思います。

他人の気持ちを推し量って理解するためには、まずは**相手の立場に身を置いて、相手の気持ちを想像する**

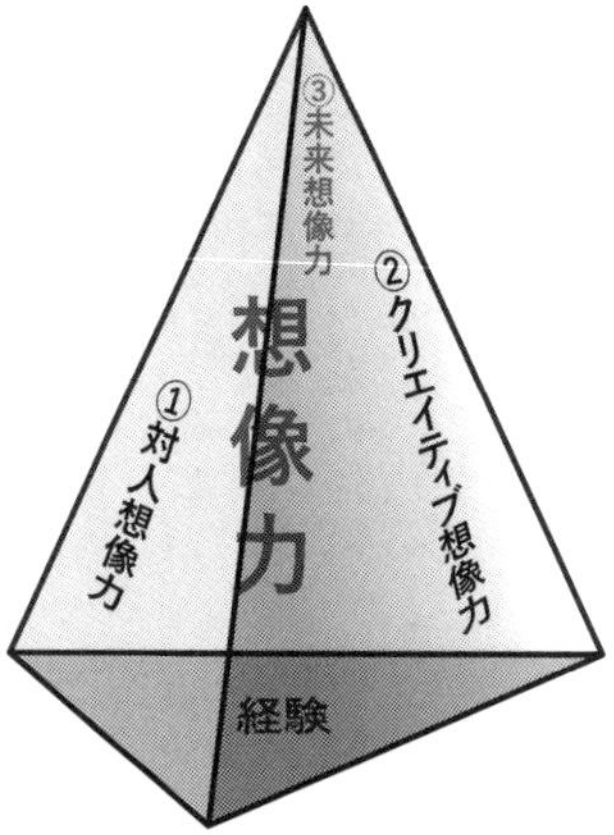

想像力の「三つの働き」の概念図

想像力の働きには「①対人想像力」「②クリエイティブ想像力」「③未来想像力」の三つの側面がある。そして想像力の底面には「経験」がある。

必要があります。

今までよりもう少し想像力を働かせて、他人の気持ちを想像して行動するだけで、他者との気持ちの行き違いが減り、争いを避けることができるようになるでしょう。

②クリエイティブ想像力

二つ目は、クリエイティブ想像力です。発明家や起業家が、「こんなことといいな、できたらいいな」と発想したり、アーティストや作家が作品を生み出すために使う想像力です。

創造（creation）とは、「新しいものを初めて創り出すこと」です。

想像（imagination）とは、「実際には経験していない事柄などを推し量ること。また、現実には存在しない事象を心の中に思い描くこと」です。

創造するためには想像しなければなりません。漫画家や小説家などはこのクリエイティブ想像力がずば抜けていますが、この力はアーティストだけの特殊能力ではありません。私たちも持っているものです。

私たちも日々の生活や仕事の中で、日常生活を少し変えて快適にしたり、便利にしたり、仕事の効率を良くしたりするなど、さまざまな工夫をしていると思いますが、それもこのクリエイティブ想像力なのです。

③ 未来想像力

三つ目は、未来想像力です。これから起こることを予想したり、起こり得る事態をいろいろ想定したりする時に使う想像力です。

次に起こり得る事態を想像しようとしない人と想像する人、一つの事態しか想像しない人とA、B、Cと何パターンも想像できる人とでは、どちらの人の方がうまく対応できるかは言うまでもありません。

未来に起こり得ることを、これも起こり得る、あれも起こり得ると、未来A、未来B、未来C、さらには未来Dと想定していれば、未来Dが起こっても落ち着いて迅速に対応できるでしょう。

また単に数だけではなく、どれだけリアリティをもって想像できるかも重要です。言葉や概念だけではなく、**絵**としてイメージできた方がより具体的ですし、さらに、この事態は今後こうなっていくのではないかと、ストーリーを**動画**として頭の中で展開できるとリアリティはより増します。

よく、「まさかと思った」とか「想定外でした」という釈明の言葉を聞きますが、文字通り「想像できていなかった」ということです。勢いだけで物事を進めていると、視野が近視眼的になり、未来に対する想像力が働きません。そうすると、いざ問題が起こった時には「まさか」と想定外の事態に陥り、追い込まれてしまいます。

犯罪をしてしまう人の中には、やってはいけないと分かっていても、つい、思わずやってしまって、後で後悔している人もいます。彼らは犯罪行為を行うことにより得られる報酬や目的の達成の方にばかり目が行き、逮捕されるかもしれない、刑務所に入れられるかもしれない、今ある地位や名誉、家族や友人、生活を一切失うかもしれないというデメリットやリスクをリアルに想像できていない可能性があります。

以上、想像力をその働きによって大きく三つに整理してみました。想像力を一つの力として捉えるよりも、このように分けて捉えた方が、意識して使いやすくなります。そして、後述しますが、想像力の土台は「経験」になります。

私はテニスのコーチをしていましたが、ボールを打つショットについて、フォアハンド、バックハンド、ボレー、サーブなど、用途や目的を明確にして練習します。それと同じです。「対人想像力」「クリエイティブ想像力」「未来想像力」と、用途と目的を明確にすることによって、意識的に想像力を活用できるようになるでしょう。

第2章　対人想像力——空気を読む、相手の立場に立って考える

対人関係がうまくいかない原因

まずは「①　**対人想像力**」です。対人関係がうまくいかない原因はいろいろあると思います。相手もあることですので、一般的には「ウマが合わない」「性格の不一致」「生活のすれ違い」などの言葉で片づけられてしまいがちです。

ただ、そうした言葉が対人関係がうまくいかない原因を的確に言い表しているかというと、どうもそうではないように思えます。

もう一段階、深掘りして考えてみると、それは相手への理解が足りなかっただけなのかもしれません。

では、そうした相手への理解の不足はどうして起こったのかと考えると、**想像力が足りなかった**ことが主な原因であると考えられます。「もし自分が相手の立場であったならば」とか、「こういうことを言われたら相手は嫌がるだろうな」ということが分からない人というのは、やはり想像力が足りないと言わざるを得ません。

『論語』の中に、**「己の欲せざる所は、人に施《ほどこ》すこと勿《なか》れ」**という言葉があります。

これは、「ただ一つの言葉で一生かけて行う価値のあるものはありますか」と、弟子から質問された時の孔子の返答です。孔子はまず、それは「恕《じょ》」であると答えます。恕というのは、思いやりのことです。そしてこの思いやりをより分かりやすく説いたのが、「己の欲せざる所は、人に施すこと勿れ」なのです。

自分がされたくないことは、人にしてはならない。自分に湧き起こる嫌な感情を鏡にして、人の気持ちを想像し、行動しなさいと孔子は述べたわけです。孔子は、約2500年ほど前の人ですが、このことは今でも人間関係の基本だと思います。

特定のビジネス分野では、人の気持ちを顧みずに突き進んでも成果を上げる人がいるかもしれません。俗に「人の痛みが分からない人」で、「サイコパス」的だと言われるような人です。医学的には「反社会性パーソナリティ障害（Antisocial Personality Disorder＝A

SPD)」と診断され、患者は個人的利益や快楽のために違法行為、欺瞞行為、搾取的行為、無謀な行為を行い、良心の呵責を感じないという特徴が挙げられます(「MSDマニュアルプロフェッショナル版ウェブサイト」)。

そういう人は例外として、一般的には家庭や集団に属して社会生活を送る私たちにとって、他人の気持ちが分かる、相手の考えをきちんと理解できる方がいいのは言うまでもありません。

また、この対人想像力は、現代の**SNS全盛時代には必須の能力**になります。現代のコミュニケーションは対面に限らず、SNSを通じたコミュニケーションも含まれます。SNS上での不用意な投稿が、大変な問題発言になり、炎上する時代です。

自分の投稿が一般に公開されているということ、そして、それを目にした人がどう思うか、それらを想像できていない人には、炎上事件は起こり得ます。

炎上事件を起こさないためには、そもそもSNSをやらないか、やるのであれば想像力を用いて未然に防ぐしかありません。もしこうした投稿をしたら、こう受け取る人がいるかもしれない、そうしたらこういうクレームが来るのではないか、と想像力を働かせて、**数手先を読む**のです。

とにかくまずは想像してみる

想像力を身につける第一歩は、「**とにかくまずは想像してみる**」ということです。

ブルース・リーは映画『燃えよドラゴン』で、“Don't think, feel.”すなわち「考えるな、感じろ」と言っていました。これをもじって私は、“Don't think, imagine.”「考えるな、想像しろ」とみなさんに伝えたいのです。

私はテレビ番組でコメンテーターとして出演させてもらうことがあります。そこでは、提示されたテーマに対して、瞬間的にコメントをしなければなりません。

この時に私は、そのテーマに関わるできる限りすべての人を想像することを心がけています。このコメントを言った時に、「ある人にはいいとしても、別の人の気持ちからするとどうだろうか」ということを瞬時に配慮して、コメントをするのです。対人想像力をフル活用して、いろいろなところに配慮した上で適切なことを言う、というプロセスを瞬間的にやり続けなければなりません。

もちろん私も、初めから対人想像力が身についていたわけではありません。振り返ってみると、高校生の時に、なぜあんなことを言ってしまったのだろうかといった失敗があります。もう一度、高校1年生に戻って、そこだけやり直したいと思うくらいです。今思うとそれは、相手のことを想像する力がなかったが故に引き起こしたものでした。今では決して言わないようなことですが、高校生の当時は言ってしまっていました。

ただし、そうした失敗があったからこそ、想像力というものを真剣に考えて、能力として向上させようと取り組んできたわけです。後天的な技術として想像力を意識し、トライ&エラーを積み重ねることで、失敗することが目に見えて減ってきました。

テレビ番組のMCは「空気を読む」達人

「空気を読む」とよく言われます。「場の空気」は見えないものですが、**一人ひとりのその時の気持ちの総和**だと私は捉えています。とりわけその場で権限を持っている人の気持ちや考えが大きな割合を占めます。

「空気を読む」とはそうした気持ちを推し量ることです。もちろん推し量りすぎると、空気ばかり読んで、あまり生産的ではないということにもなりかねませんが、やはり空気を感じる力は大切です。そして空気を読めるか、読めないかということも、想像力に大きく左右されるのです。

例えば会議の議長を考えてみてください。「この人はこの方向に議題を進めたいのではないか」「あの人はここでいったん立ち止まりたいのではないか」ということを瞬間的に理解して、整理していくのが議長の役割です。

テレビ番組に出演していて、自分がコメントを話したいなと思った時に、瞬時にそれを感じ取って、さっと話を振ってくれるMC（司会者）がいます。そのような司会者は、やはり常に周りの人を意識していて、その表情をしっかりと見ています。空気を読む達人でないと、とてもテレビ番組のMCは務まりません。空気を読むという行為はネガティブな意味で使われることも多いですが、やはり大切なスキルだと思います。

逆に、空気を読むのが下手で、周りが見えていない状態というのは、周りの人の思いが想像できていない状態です。その状態では、やはり余裕がなくて、視野が狭くなってしまいます。

「空気を読む」第一歩は家庭から

「空気を読む」能力を高めるためには、**できるだけいろいろな人とコミュニケーションを取る**ことが王道です。

人間関係の第一歩は**家族関係**です。時代や社会の変化を背景に、個人の多様な生き方が可能になり、また尊重されるようになりました。その風潮は家族構成にも影響を与えて、大家族が減って核家族が増え、夫婦世帯・単独世帯も多くなっています。また、未婚化・晩婚化が進むと共に、生まれる子どもの人数が急速に減少してきました。いわゆるシングルマザー、母子世帯も増えています。

私が育った家は、小さい頃は職人さんが大勢出入りしていました。それに父親の兄弟も大勢いましたから、いつも20人前後が出入りしているごった煮のような家で、母親は一日中家事に追われていました。まだ昭和30年代くらいまでは、私の家ばかりではなく、こういう大人数の雑多な家庭というものは残っていたのです。

そういった大家族で、子どもの時におじいちゃん、おばあちゃんと一緒に住んだりしていると、お年寄りが日常ではどのようなことで困っているか、不便に感じているかが分かります。また、兄弟姉妹が多ければ、その分、日常的に揉め事も増えるでしょうけれど、年上の子、年下の子、男性、女性と接する経験値は飛躍的に高まります。

しかし現代では、核家族化や少子化で、祖父母とは同居しておらず、兄弟姉妹もいないことが多いので、その分経験値が下がるのは否めません。これは自分ではどうにもできないことです。

ですので、その分、できるだけ地域の人たちとの関わりや学校生活、クラブ活動、職場などで積極的にコミュニケーションを取るように努めて経験値を積んでいった方がいいでしょう。それによって対人想像力の基礎が作られます。

「想像の視野」を広げる

とは言え、その場の空気を読む能力というものはいきなり身につくものではありません。そもそも私たちは他人を正確に理解することなどできません。

それでも、どこまで相手のことを想像できるかということは、とても重要です。具体的に言えば、「**もし相手が自分だったら**」ということを、いかにリアルに考えられるかになります。〝他人事《ひとごと》〟を〝自分事〟にどこまで近づけられるかは、まさにその人の想像力の技量に大きく左右されます。

高校のバスケットボール部を舞台にした井上雄彦さんの漫画『ＳＬＡＭ ＤＵＮＫ』は、言わずと知れた伝説的な漫画で、漫画の連載とアニメは１９９６年に終了していますが、今でも熱狂的なファンがたくさんいます。２０２２年12月には待望の映画『THE FIRST SLAM DUNK』が公開され、人気を博しました。私も観ました。

原作のストーリーは、高校までまったくバスケットボール経験のないヤンキーだった主人公の桜木花道《はなみち》が競技に出合い、先輩やライバルや仲間の助けを借りながら徐々に上達していき、最後は全国大会で活躍するまでに至る過程が描かれています。

花道がまだ初心者の頃、「桜木ビジョン」というものが描かれているのですが（漫画オリジナル版第4巻34話参照）、花道は初めて練習試合に出場した時、緊張のあまり、極端に視野が狭くなってしまいます。「なにも見えん」「なにも聞こえん」と敵も味方もほとんど視界に入っていない。そんな花道に、チームメイトで同学年のライバルの流川楓《るかわかえで》がケツを蹴り上げ、そのおかげで花道の緊張が解け、視野がコート全体を見渡せるまでに広がるというシーンです。

私はここで描かれた視野の狭さと広がりの絵が、まさに想像力にも当てはまると思います。スイスの心理学者であるジャン・ピアジェは、人が成長していく過程を、「自己中心性を脱していくもの」としました。特に7歳から11歳くらいを目途に、徐々に自分の視点だけではなく相手の気持ちを考えて、意見を言ったり行動できるようになっていきます。

対人想像力はこの延長線上にあります。自分の想像力の及ぶ範囲が広がることによって、相手が自分の「**想像の視野**」に入ってきて認識できるようになるのです。

想像力の土台は「経験」

想像力の土台は経験です。自分が大変な思いをした経験がある人は、同じような状況にいる人の気持ちが想像できます。逆を言えば、経験のない人には想像しづらいということです。

例えば、楽器の演奏を考えてみましょう。私は、ピアノを弾ける人をとても尊敬しています。なぜなら私自身が小学生の時に挫折したからです。私の親戚がピアノの先生をしていたので習っていたのですが、なかなか上達せず、しかもその頃は野球に夢中になっていたこともあり、ピアノの練習に全然身が入らず、辞めてしまいました。

私の子どもの頃は、ほとんどの男の子の将来の夢が「プロ野球選手」という時代でした。私も御多分に漏れず野球少年でしたが、途中で自分に才能のないことに気づき、夢を諦めました。だから、プロ野球選手がずば抜けた実力の持ち主で、尋常ならざる努力を続けてきている人たちだということを、しっかりと想像することができます。

ちなみに私は、50歳になってからチェロを習い始めたのですが、そのおかげで、今では弦楽器を弾ける人への尊敬の念がいっそう増しました。

Ｊリーガーを批判した辛口サポーターの実力

あるＪリーガーの話なのですが、彼の所属するチームにはある熱烈なサポーターがいて、試合に負けた時などネット上に辛辣な書き込みを行っていたそうです。

ただし、その内容は単なる罵詈雑言や誹謗中傷ではなくて、技術論から戦術論までかなり専門的な批判だったそうです。

そんなある日、チームがファンミーティングという名の親睦会を開催しました。件の口うるさいサポーターも参加して、全員による練習試合が組まれました。

もちろんサポーターは素人ですからJリーガーに比べて下手なのは当たり前ですが、とりわけチームの足を引っ張ったのがそのサポーターで、参加者の中でも群を抜いて下手だったそうなのです。

そのサポーターの正体が分かり、「自分ではできもしないくせに、よくも今までエラそうに批判していましたね」と嫌味の一つも言いたいところでしょう。

しかし、そのJリーガーはむしろ、「自身はこんなに下手なのに、あれほどチームのことを必死に考えてくれていたのか」と感謝したそうです。

スポーツに限らず、**見るのと実際に体験するのとでは大違い**です。「いや、簡単そうに見えるかもしれませんが、実際にやってみたら本当に難しいですよ」ということはよくあります。

読者のみなさんの中には、小さい頃に習い事で挫折した経験のある方もいらっしゃると思いますが、そうした経験もあながち無駄ではないかもしれません。先に述べたように、私もそうした経験があります。いろいろなことを経験しておくことは、やはりいいことです。たとえ挫折して、結果的に何も身につかなかったとしても、それをやっている人の気持ちが想像できるようになっただけでも、人生の財産になります。

裏方の苦労を知る

2022年秋にフジテレビ系で放映された『私のバカせまい史』という、誰も調べたことのない〝せま～い歴史〟を芸能人が独自の解釈でプレゼンするという番組がありました。

そのスペシャル回で、「40年創意工夫し続ける　お笑い芸人のあるあるネタパッケージ発明史」をお笑いコンビ「さらば青春の光」の森田哲矢さんが紹介されました。

「あるあるネタ」は今では多くの芸人がやっていますが、それを最初にやった人は誰かと辿ると、約40年前にビートたけしさんが、「あるある」の概念を初めて笑いに昇華させたそうです。

その後、あるあるネタを歌で表現した嘉門達夫（現タツオ）さんや、あるあるネタにダンスを取り入れたふかわりょうさんら偉大な〝発明家〟が現れ、「レギュラー」というコンビ名のお笑いコンビの「あるある探検隊」ネタで一つの完成形となります。

「あるある探検隊」ネタの画期的な点は、その切れのいいフレーズが「4・4・5」のリズムを刻んでいることにあると、番組ではプレゼンされていました。

なぜかと言うと「4・4・5」のリズムというのは、

「生麦生米生卵」

「人生楽ありゃ苦もあるさ」

「同情するなら金をくれ」

「逃げるは恥だが役に立つ」

「ラーメン、つけめん、僕イケメン」

など、魔法の黄金律とも言うべき法則だというのです。

こうした一見バカバカしい研究を徹底的に行う『私のバカせまい史』でしたが、私が一番驚いたのは、その番組のエンディングで流れた、それぞれの「せまい史」を研究するに当たって調べた資料の膨大さでした。そのエンディングはまるでメイキングビデオのようで、「こんなに大変な思いをして、こんな馬鹿馬鹿しいテーマを大真面目に作っていたのか」と感動を覚えました。

ボツになってオンエアできなかった調査もたくさんあったそうで、制作スタッフが10分の1くらいしか放送できなかったと言っていました。

人を楽しませたり笑わせたりするエンターテインメントは、特に裏の苦労が表には一切表れないジャンルですので、視聴者は裏方の苦労など想像だにしないわけです。

しかし、時折こうして裏方の涙ぐましい苦労を知ると、あらためてプロの仕事のすごみに敬意が湧いてきます。

人はなぜギャンブルにハマるのか

人とのコミュニケーションは場数や幅広さや深さも重要ですが、**多様性**もできるだけあった方がいいでしょう。

とは言え、リアルな人間関係にはどうしたって限界があります。同郷、同級生、同じ業界、共通の趣味といった人間関係に偏りがちになってしまうのは仕方ありません。

ですが、世の中にはいろいろな人がいるもので、そういう自分の人間関係の輪に入っていない人たちについてもあらかじめ知っておくと、何かの拍子でそういう人に出会った時に役立ちます。

そのために、私はよくインタビュー番組や雑誌を見たり読んだりしています。アーティストやスポーツ選手、ミュージシャンの生の声を聞くことによって、「こういう風に創作活動をしていたのか」「あのプレイの時はこんなことを考えていたのか」と、華やかな世界に生きる人たちの、表には出てこない努力や工夫や苦労、苦悩を知ることができるからです。

また、最近では、インターネットでインタビュー動画を見ることもできます。私はユーチューブの『街録ch～あなたの人生、教えて下さい～』（以下『街録チャンネル』）をよく見ています。

そこに大王製紙前会長の井《い》川《かわ》意高《もとたか》さんが登場された回があります。彼はギャンブルにハマり、総額で１００億円以上も負けたそうです。そのカジノでの巨額負債を補うために、子会社から巨額の借入をしていたことが発覚し、逮捕されました。

私はギャンブルの経験がありませんし、これからもするつもりはありません。だから、金銭的にはほとんど損することが明らかなのに、なぜそんなにまでやる人が多いのかが常々疑問でした。ギャンブルをする人の気持ちを想像できなかったわけです。

その動画では、井川さんがなぜギャンブルにのめり込んでいったかについて話をしていました。井川さんは、額が大きいギャンブルは、もはや臨死体験であると表現されていました。死ぬことに近い感覚を一度でも味わってしまうと、それは最上の快感となり、決して他のもので代替することはできないと言うのです。

たしかにそのレベルのスリルはなかなか経験できるものではありません。井川さんの話を見てもギャンブルをしたくはなりませんでしたが、多少なりともギャンブルにハマる人の気持ちが想像できるようにはなりました。

障害者の知られざる性の悩み

世の中には障害者専門の風俗店があることも『街録チャンネル』で知りました。過去に風俗店での勤務経験があったというその女性は、祖母の介護を機に福祉の仕事がしたいと思い、資格取得のために学校へ通うことにしました。

ある日、障害者のグループホームを見学しに行った時、障害者の異性関係や性に関するケアはどうしているのか疑問に思って調べてみたところ、障害者の性に関するケアが福祉の中にないことを知り、大きな衝撃を受けたそうです。

そこで、大阪にある障害者専門の風俗店に勤めてみたところ、そもそも障害者は自力で来店したり、予約をしたりすることも困難で、性サービスを受けること自体が難しいということが分かりました。

彼女にとって衝撃的だったのは、知的障害のある息子の性の欲求に母親が対応しているケースもあるという話を聞いたことでした。

そういうことは親子でやるべきではないと思った彼女は、自ら障害者専門の風俗店を立ち上げることにしました。さらに、障害者の性の課題に向き合う一般社団法人を設立し、障害者の性の悩みに対するカウンセリングなどの活動もしているそうです。

私もまったく知らない世界でしたが、一般のメディアなどでは取り上げられない障害者やその親御さんが抱える悩みや問題を知ることができました。

ドキュメンタリーやインタビュー番組は昔からありましたが、テレビは近年、規制がいろいろと厳しくなり、あまり際どい内容の番組が放送できなくなってしまいました。その点についてはユーチューブの方が許容範囲が広いので、テレビでは話せないような話題や業界の裏事情を話してくれる人たちがたくさん登場しています。

彼らの話をすべて肯定するわけではありませんが、少なくとも自分が今まで見たことのない世界を知ることができたり、知見が広がります。やはり自分の経験だけで生きていると、想像の視野はなかなか広がりません。**いろいろな経験をしている人の話を聞くことによって、自分では経験したことのない世界をも想像できるようになるのです。**

こうした事実を知っているか知らないかで、もし今後、実際にギャンブルにハマっている人や障害者に接した時の対応は違ってくると思います。なぜなら、そうした人々への理解や共感するための対人想像力が働くようになるからです。

これはスポーツをする前に行う準備運動に似ています。運動前にストレッチをして関節の可動域を広げておくと、ケガを防げるようになるのと同じです。一流のスポーツ選手が試合であらゆる状況に対応できるように、世の中にはあんな人もこんな人もいるということを知っておくことによって、**想像力の可動域が広がる**ようになり、**さまざまな人との出会いや、状況に素早く対応できるようになる**のです。

最近では「断捨離」やミニマリストがブームであり、物だけではなく、人間関係も必要最小限にすることが勧められていたりします。けれども、対人想像力という観点からは、できるだけ幅広く、深く、多様であるに越したことはありません。

人生では、思いもかけない人物と出会うことがあります。そうした時に、少しでもその人のいる世界について知っていれば、関わり方はずいぶん変わっていきます。人生は一期一会です。自分で変に壁を作らずに、たくさんの人たちとの出会いを大切にしてください。

副業違反で退社していくセクシー女優への上司の一言

人を評価する時に、「あの人は心が広い」とか、「懐が深い」「包容力がある」「度量が広い」などと言われる人がいますが、そういう人たちは相手の気持ちを推し量り、理解する対人想像力に長けているのです。

最近、とても対人想像力がある人なのだろうなあと感心した記事を読みました。

あるセクシー女優のエピソードなのですが、彼女は学業も優秀で大学院を修了後、一般企業に勤めていたそうです。その企業は副業禁止でしたが、彼女は会社には内緒でセクシー女優の仕事もしていました。

しかしある日、当時の上司から呼び出しがありました。そして、

「副業していますか?」

と聞かれました。彼女はとっさに、

「やっていません」

とシラを切り、その場を切り抜けました。

その後、結局、ビデオ出演が会社にバレてしまいます。彼女は女優を続けることを選び、会社を辞める決断をしました。

彼女は辞める時に、上司に嘘をついたことを謝りました。するとその上司は、「僕には想像できないくらい色々考えての決断だと思います。正直に言ってくれてなによりです。身体に気をつけて」

と言ってくれたそうです。

私はこの上司が彼女にかけた言葉に、豊かな対人想像力を感じました。女優を続けたい、会社も続けたい、その思いの中で悩み、揺れ動いた時間を、この上司はしっかりと想像していたわけです。嘘をついていることの罪悪感や辛さ、兼業していた苦労や労力などを想像した上で、「僕には想像できないくらい色々考えての決断だと思います」という言葉をかけてあげることは、できそうでなかなかできないことです。

いろいろ想像してみました。しかし、あなたの立場で考えることはなかなか難しい。それほどあなたはいろいろ考えられたことでしょう。ある意味、別れ際の言葉としては美しいと思いました。

人によっては、こんな時、「どうして本当のことを最初から言ってくれなかったのか」などと言う人が多いかもしれません。しかし、この上司はそういう言い方はしませんでした。相手の立場に立って考えようと想像力を発揮しているかどうかで、かける言葉がこれだけ違ってくるのです。

私も相手の立場や気持ちへの想像のアンテナが途切れることのないように、常に想像力を発揮するように努めています。そうすると、自分が忙しかったりして心が乱れている時でも、配慮のない言葉を言い放ち、人をむやみに傷つけることは少なくなると思います。

大学では私の講義を履修している学生が、研究室に相談をしに来ることもあります。教授の部屋を訪ねるというのは、こちらが思っている以上に学生にとってはハードルが高く、緊張感を伴うようです。

だから私は、来てくれた学生に対して、たとえ忙しい時であっても、「今日は忙しいので」と無下に断ることはしません。本当に時間がない場合もありますので、その時は別の日時を提案したりしています。

大切なのは、その学生が研究室に来るまでに、相談しようかしまいか悩んだりしながら、それでも勇気を出して来たことを想像してあげることだと思うのです。

しかし、世の中には、大人になっても自己中心性を脱することができず、想像の視野が狭いままの人もいます。

出された食事に手をつけずにお金だけを支払った人

ある社長が話していたのを小耳に挟んだのですが、以前行ったレストランで何か気に入らないことでもあったらしく、出てきた料理に一切手をつけないで、お金だけ支払って店を出てきたことがあったそうです。彼はこの話を自慢げに話していました。

彼はきっと武勇伝のつもりで話したのでしょうが、私はその人を想像力の足りない人だと思いました。お金を支払ったとしても、料理人が一生懸命作ったせっかくの料理が無駄になったことに変わりはありません。

料理には、料理人はもちろん、野菜を育てた農家、牛を育てた畜産家、その素材を運んだ人、レストランを経営している人など、たくさんの人間の思いや技術、苦労が込められています。このことが少しでも想像できたならば、手をつけなかったことを自慢気に語ることなど決してできないと思うのです。

今時のフードロスなどという言葉を持ち出すまでもなく、一昔前は、ご飯を残そうとすると、「このお米はお百姓さんが苦労して、1年かけて作ったものなんだよ」とよく言われたものです。「お百姓さんが苦労して」と言われたら、たしかにそうだなと、1粒残らず食べる。そういう時代がつい最近までありました。

米作りの大変さは、少しでも手伝ってみれば分かります。地方ですと、小学校で田植えを体験する授業があったりして、私も田植えを手伝ったことがあります。種を蒔き、苗を育て、田起こし、代掻《しろか》きをして、田植えをし、虫が付かないようにして、雑草を取り、そして稲が実ったらようやく収穫できるのです。

そういう苦労を知っていれば、ご飯を食べる時に、農家の人たちのご苦労に思いが及んで、食べ物を粗末にしてはいけないと素直に思えるというものです。

「昭和の常識」は「令和の非常識」

私は昭和35（1960）年生まれですが、「昭和の常識」は「令和の非常識」という表現が冗談ではないことを日々実感しています。

例えばLGBTについてです。法務省ウェブサイトにも詳しく説明がありますが、LGBTとは性的指向である「Lesbian（レズビアン、女性同性愛者）」、「Gay（ゲイ、男性同性愛者）」、「Bisexual（バイセクシャル、両性愛者）」と、性自認の「Transgender（トランスジェンダー、身体の性と心の性の不一致）」の頭文字を取って組み合わせた言葉で、性的少数者（セクシャルマイノリティ）を表す言葉の一つとして使われています。

かつてLGBTの人たちは、いわゆる〝普通とは違う人〟という見方をされていました。しかし現代では、そのように見てしまう人の方が、偏見を持っている〝普通とは違う人〟になりつつあります。

こうした性の問題は生物学的・本能的なものであり、絶対的なものと思われてきましたが、それも時代によって変化するということがはっきりしたわけです。

現代はもはや、「LGBTのことは面倒くさそうでよく分からない」「LGBTは自分には関係ない」ということは通用しません。

それは、例えるならアップデートされていないパソコンのようなものです。更新プログラムをインストールすることを怠っているパソコンは、新たなネット環境に対応できなかったり、ウイルスの攻撃を受けたりしてしまいます。それと同じで、**常識をアップデー**

トしていないと思わぬ差別や人権侵害をしてしまいかねません。

異なる立場の人を映画や小説で知る

では、自分とは異なる他者への想像力を高めるにはどうすれば良いでしょうか。すでにインタビュー記事や番組、動画などを紹介しましたが、「**自分と異なる立場の人を知る**」**には、映画を観たり、小説を読んだりする**こともオススメです。

私は映画を1日1本観るようにしています。毎日違う人の人生を生きるような体験ができるからです。

例えば、同性愛者が登場する作品を観れば、同性愛者はこのようなことを考えているのか、こういう気持ちを持っているのか、ということをある程度知ることができます。

LGBTに関する映画ですと、例えば共産主義者の男子学生と自由主義者のゲイ男性との友情を、キューバの社会情勢を背景に描いた『苺とチョコレート』（1993年）や、アメリカ中西部を舞台にカウボーイ同士の恋愛を描いた『ブロークバック・マウンテン』（2005年）、身体的には女性で性自認が男性のトランスジェンダーの主人公の身に起こった事件を描いた『ボーイズ・ドント・クライ』（1999年）、マイアミの貧困地域の少年が同性を好きになる『ムーンライト』（2016年）などがありますが、いずれもアカデミー賞ほか数々の映画賞を受賞した傑作です。

そういう映画を観ていると、1本観るごとに自分の感覚が変容していくのが分かります。自分が経験していない世界を経験させてくれるのが映画の良さです。

あえて異性の作家の小説を読む

本を読むことも、対人想像力を育むためには欠かせません。読書は自分の知らない世界を知ることについても有効ですが、ここで強く推したいのはルポルタージュや紀行文や伝記などのノンフィクションではなく、フィクションのストーリーが展開する**小説**のジャンルです。

小説を読むことは、対人想像力を広げるために必須であると私は考えます。なぜなら小説は、単に世の中にはいろいろな人や世界があるという事実を知るだけに止まらず、**登場人物に成りきる仮想体験ができる**からです。

私は日々、多くの小説を読んでいます。それは自身の経験や、単に情報として事実を知ることだけでは限界があることを理解しているからです。

例えば私は男性ですので、女性目線で物事を見ることはできません。そこで私は、**意識して女性作家の小説を読む**ようにしています。英作家ヴァージニア・ウルフ（代表作『ダロウェイ夫人』）や、シャーロット・ブロンテ（同『ジェーン・エア』）、エミリー・ブロンテ（同『嵐が丘』）、米作家ルイーザ・メイ・オルコット（同『若草物語』）などの小説を読むことによって、女性はこういう感性で世界を見ているのかということが少しだけ分かり、自分に欠けている感性を補うことができるのです。

カナダの作家ルーシー・モード・モンゴメリの『赤毛のアン』もオススメです。『赤毛のアン』はストーリー自体が想像力をテーマにしています。想像力豊かでお喋り好きな主人公のアンは、気に入ったもの、美しいものに名前を付けたがる女の子です。この湖や花はこういうものだから、こういう名前を付けてみようと想像の世界で遊ぶのです。

日本の作品ではやはり紫式部の『源氏物語』は外せません。日本文学の最高峰として世界的に評価されている『源氏物語』は、平安時代に生まれた文学作品ですが、世界最古の長編小説であるだけではなく、真の「世界文学」（ゲーテ）です。

幼い時期に母を亡くした主人公の光源氏は、人妻との恋、それも自分の父である天皇の後妻と交わります。亡き母に生き写しの義母の藤壺を恋い慕うようになり、この道ならぬ恋の行方がこの長編の縦糸になっています。さらに光源氏は、藤壺に生き写しの少女紫上《むらさきのうえ》を理想の妻に仕立て上げます。

そこに物語の横糸として、空蝉《うつせみ》、夕顔、明石上《あかしのうえ》、女三宮《おんなさんのみや》たちとの恋愛模様が交わります。『源氏物語』は、それぞれの巻に「夕顔」や「若紫」といった名前が付いていますが、これらはすべて女性の名前です。つまり1巻ごとに女性の生き方が吹き込まれており、異なる女性の心理を追体験できるのです。

作者の紫式部は、女性の視点から一人ひとりの人物を描き分け、登場人物たちの心が、まるで雲が移動するようにスルスルと動いていく様を描いています。女性の気持ちを想像するという点では、これ以上ないテキストだと思います。

平安時代の貴族社会を描いた『源氏物語』の世界は、現代とは大きく異なりますが、主人公の光源氏に愛される女性の喜び、他の女性のもとに去られる悲しみや痛みなどは、現代にも通じる感情でしょう。そうした女性の喜怒哀楽のすべてが『源氏物語』には描かれているのです。

殺人者の心理を疑似体験する――ドストエフスキー『罪と罰』

体験できないのは、異なる性だけではありません。物騒な話ですが、人を殺すという経験も現実世界ではできません。しかし痛ましい事件が後を絶たないのも事実です。そうした被害者、加害者に少しでも寄り添うためにも、小説は役に立ちます。

このテーマにおいて、ロシアの作家ドストエフスキーの『罪と罰』はやはり必読です。主人公である貧しい学生のラスコーリニコフが、独自の犯罪哲学によって高利貸しの老婆を殺して財産を奪うのですが、その時、誤ってその妹も殺してしまったことにより、罪の意識にさいなまれるという話です。

私は、この本にのめり込んだ後、自分が人を殺してしまい、どうしようもなくなっている夢を見ました。夢から覚めた時に、本当に殺人を犯したかのように、激しい動悸が止まらず、まさに人を殺すこととは、これほど精神的に追い込まれるのだと、実感として分かったような気がしました。

他にも、ドイツの作家パトリック・ジュースキントの『香水　ある人殺しの物語』という小説があります。18世紀のパリを舞台にして、次々と少女を殺してはその芳香を我がものとし、あらゆる人を魅了させる香水を創り出した男の物語です。

人殺しは究極の悪です。それでも、この殺人者の気持ちに寄り添わせてしまうところが、小説の力です。自分が生きている社会の倫理観なども忘れて、究極の香りを作るためには致し方ないのではないかと、小説を読んでいる間は思わせてしまうわけです。

小説家は、あり得ないことを書きながらも、そこにリアリティを持たせる技を持っています。ですから、私たちが入り込んだ時に、その世界がリアルに迫ってきて、実際にその世界の中で生きているかのように思わせてくれます。だから小説は面白いわけです。

小説を読むと、さまざまな感情が湧き起こりますが、それは文字情報により得た客観的なものではもはやありません。想像力を働かすことで得た感情は、フィクションや幻ではなく、まさに主観的でリアルなものです。

小説を読んで湧き起こった感情を、そのまま現実世界に持ち込むのは危険ですので、想像力の幅を広げる「**想像力トレ**」として捉えたいものです。

他者理解の傑作――太宰治『駈込み訴え』

他者を理解するためには、対人想像力を発揮して「自分の考えと異なる立場から見てみる」わけですが、その訓練に最適のテキストの一つが、太宰治の『駈込《かけ》み訴え』です。インターネット上の電子図書館「青空文庫」でも読むことができますので、読まれたことのない人はぜひ読んでみてください。

『駈込み訴え』とは、

「申し上げます。申し上げます。旦那さま。あの人は、酷《ひど》い。酷い。はい。厭《いや》な奴です。悪い人です。ああ。我慢ならない。生かして置けねえ」

と「旦那さま」に対して、「あの人」を「ずたずたに切りさいなんで、殺して下さい」と訴える男の独白です。

彼は自分の師であり主《あるじ》である「あの人」のことを、他の弟子たちとは較べものにならないほど愛している。だから「あの人」のために何の見返りも求めずに献身してきた。それなのに、「あの人」は自分の無報酬の純粋の愛情を受け取ってくれない。それどころか嫌われている、と思い込んでいるのです。

だから、かわいさ余って憎さ百倍になって、「旦那さま」に居場所を教え、「あの人」を売ってしまうという話です。

この訴えた男の正体は、「裏切り者」の代名詞、イエスの十二使徒の一人、イスカリオテのユダであり、「あの人」とはイエスのことです。

太宰は独白体でこの時のユダの心情を仔細に描き切りました。実際には、ユダの言葉というのは残っていませんが、この『駈込み訴え』のユダのイエスに対する愛憎の吐露を読むと、ユダの魂が太宰に憑依《ひょうい》して、まるで本当にユダが独白したかのように感じるのです。

太宰が描くユダは単なる裏切り者ではなく、そこにはイエスに対する真実の愛情を見ることができます。その独白は真に迫っており、読者は「ユダが裏切った気持ちも分かる」となるのです。「この人は、本当にイエスに愛されたかったんだろうなあ」と、ユダの切なさに共感してしまいます。

『駈込み訴え』は短い作品ですが、読めば「裏切り者」という通説であるユダ観が変わります。

なぜこの『駈込み訴え』を紹介したかというと、ユダの思いを知ることによって、悪者だと思い込んでいたユダを理解できるようになることを、自身で体験してみてほしいからです。

「ユダはたしかに裏切ったから悪い。けれども、ユダの思いを理解できないかというと、理解できる」というところまで、私たちは太宰のおかげで到達できるようになるわけです。

いわゆる善悪で言えば、ユダという悪の象徴みたいなものでも、太宰という一流のストーリーテラーのおかげで、私たちにもその気持ちが理解できるようになるのです。

飼っている生き物が感じている世界を想像してみる

江戸時代を代表する俳人の小林一茶に、「やれ打つな　蝿が手をすり　足をする」という句があります。蝿の手のポーズが、あたかも命乞いをして拝んでいるかのように見えるので、むやみに殺してはいけないという意味です。

他にも、「やせ蛙　負けるな一茶　是《これ》にあり」という句もあります。蛙は、繁殖行動の一つとしてオスが戦います。そこでは痩せている蛙は弱いわけです。その光景を見た時に、反射的に一茶は、負けそうな方に共感して、そばにいるよと励ますわけです。一茶はそういう小さな虫や蛙などに対する共感の句をたくさん詠んでいます。

テンプル・グランディンというアメリカの動物学者がいます。彼女は自閉症で普通の人よりも不安を感じやすいのですが、その繊細な感性で動物の感情を共感的に読み取る能力を持っています。そしてその力を活かして、できるだけ動物が心地良いと感じる動物のための施設を設計したりしています。実際に、牛が怖がらない施設というのがあるそうです。

私たちは、牛は牧場などの広大な空間を好むと思っていますが、実は高い壁で覆われている狭い道路のようなところの方が安心するそうです。逆に屋外であっても、常に旗などがパタパタ揺れているような状況は、とても牛を不安にさせます。

グランディンの『動物感覚』や『自閉症感覚』（ともにNHK出版）を読むと、一般的には障害があると見なされている人でも、むしろその普通の人とは異なる感覚があることによって動物を理解できる、という事例を知ることができます。

エストニア生まれの生物学者ヤーコプ・フォン・ユクスキュルは、『生物から見た世界』（新思索社、1995年）という本を書いています。面白いと思ったのは、ダニの話です。ダニには目がないそうですが、表皮全体に光を感知する光覚があるそうです。耳も聞こえないそうですが、嗅覚は発達しており、鋭敏な温度感覚と触覚で動物の皮膚の上に移動して血を吸うそうです。ただし、ダニは味覚も一切ないそうです。ダニは視覚、聴覚、味覚がなくても、光覚、嗅覚、温度感覚、触覚で周囲を把握しているということです。

私たちはつい自分の見ている世界が、すべてだと思ってしまいます。けれども、人間同士でも、私とあなたではまったく別の世界の捉え方をしているはずです。

そこからさらに想像力を広げていくと、実は動物たちは人間とはまったく異なる認識で世界を捉えています。

ダニだけではなく、犬も猫も生き物はそれぞれ、人間とは違う感覚で世界を把握して生きているということを知ると、生き物は人間とは違った世界が見えているのだということに思いが至ります。**自分の飼っている生き物がこの世界をどのように感じているか、**想像してみるとワクワクしてきます。

「つぼ」や「ちきゅう」の気持ちも詠んだまど・みちおさん

童謡の「ぞうさん」や「やぎさんゆうびん」などの作詞でも知られる詩人のまど・みちおさんに、「タンポポがさいた！」という詩があります。その一節に、「ことしがタンポポたちの　ほんとに　なん億なん万回めの　たんじょう日かを　ひとり知っている　あの太陽が」とあります。

私たちは、道端でタンポポが咲いていたとしても、気づかないか、気づいても無視するか、あるいはせいぜい「今年も咲いたな」と思うくらいでしょう。

それを誕生日と捉え、何億回咲いたかは太陽が知っているというのは、本当に想像力の賜物だと思います。

まどさんは「蚊をたたいたら」という詩では、「わたしをたたかなくてもいいのですか」と、血を吸う蚊の方の気持ちを詠んでいます。

あなたは蚊の気持ちなんて考えたことがありますか。腕や足に止まったら、「うわっ、蚊だ」と警戒し、刺されて痒くなる前に叩かねば、ということしか考えません。

でも、まどさんの詩を読んで、蚊の気持ちを想像する経験をしていれば、そういう時でも「この蚊は何を考えているんだろう？」と蚊の気持ちにも思いが至るようになります。そうしたら少し心に余裕が出る感じがして楽しくなります。

さらに、まどさんの「つぼ」という詩では、「つぼを　見ていると　しらぬまに　つぼのぶんまで　いきを　している」と、つぼに自分を重ね合わせているのです。小動物や植物という生き物を超えて、まどさんは無機物にすら想像力によって自分を重ね合わせます。

「ちきゅうのようじ」という詩では、赤いビーズが転がる様子を、「ああ　こんなに　小さな　ちびちゃんを　ここまで　走らせた　地球の　用事は　なんだったのだろう」と表現しています。ただ足元を小さなビーズが転がっているだけなのですが、そこに地面を動かす地球の意志を感じているわけです。

「いちばんぼし」という詩では、「いちばんぼしがでた　うちゅうの　目のようだ　ああ　うちゅうが　ぼくを　みている」と表現しています。私はこれまで数えきれないほど夜の星を見てきましたが、あの輝きが宇宙の目でありこちらを見ている、と想像したことは一度もありませんでした。

私たちは日常、物事を主観的な視点から見ていますが、まどさんの詩に触れることによって、他人だけではなく、動物も植物も、あるいは無機物も、さらには地球や宇宙といった森羅万象が自分に注ぐ視点の存在を感じさせてくれて、**自分を客観視できるようになる**のです。

これは室町時代（14世紀）に活躍した能役者の世阿弥《ぜあみ》が、著書『花鏡《かきょう》』で能の奥義の一つとして残した「離見の見《りけんのけん》」という言葉に通じるものがあります。演者が能を舞っている最中には、自分を離れて観客の立場で自分の姿を見る、自分の演技についての客観的な視点を持つことが必要だという意味です。

私も能を習っていたことがありますが、室町時代に観阿弥《かんあみ》・世阿弥親子によって大成された能は、600年を超える歴史の中で独自の様式を磨き上げてきました。その能楽について書かれた芸術論の中には、現代の生活や仕事など日常生活のさまざまな場面でも役立つ教訓が散りばめられています。

ロールプレーゲームで相手の立場を体験する

小説を読んだり、詩を味わったりすることで、私たちはいろいろな人の気持ちを追体験したり、場合によっては虫や無機物の気持ちをも想像したりすることができます。そこから一歩進んで、**実際に演じてみる**というのも、対人想像力を鍛えるのに有効です。

私は大学の授業で、**ロールプレーゲーム**というものをよくやっています。ロールは役割、プレーは演じるということで、まさにその役に成りきってもらうものです。

例えば私は大学で教員志望の学生を受け持っていますが、3人1組でそれぞれ生徒、親、先生役になってもらい、子どもが起こしたトラブルについて、意見を述べてもらうというロールプレーをしています。

台本があるわけではなく、すべて自分の考えで演じてもらうのですが、たいてい学生は、親や先生役になると、「自分はこんなことを言ってしまうのか」と驚きます。演じる前は、「モンスターペアレントなんてとんでもない親だ」と思っていたにもかかわらず、親役になると、なぜか強く先生に詰問してしまうことだってあります。先生役を演じる学生も、「先生はこんな気持ちで親や生徒に向き合っていたのか」と初めて分かるのです。

この手法は、さまざまなシチュエーションで使えます。例えば2人1組で母娘役を演じるロールプレーをしていた時のことです。母親役を演じたある学生は、実際の生活で自分の母親に対して不満を持っていました。しかしその学生は、母親から言われて嫌だったことを、思わず娘役の学生に対して言ってしまったと、愕然としていました。

ロールプレーは、自分は対人想像力があって相手のことを分かっている、と思い込んでいる人ほど効果があります。

今の時代は、パワハラ、セクハラ、○○ハラと、ハラスメントは御法度です。そのため多くの会社でハラスメントに対する講習が実施されています。そこでは講師が、「このような状況では、××××ということを言ってはならない、してはならない」などと説明します。

その際、ただ説明するだけではなく、ロールプレーを取り入れてみてはどうでしょうか。セクハラの場面を設定して、男性上司と女性部下を演じてもらうのです。

「自分はセクハラ講習会、パワハラ講習会を何度も受けたから分かっている、大丈夫」と思っていても、ロールプレーで自分がセクハラされる被害者側の役を演じてみると、演技と分かっていても、言われた時の心の痛みをリアルに感じることができます。

男性上司が部下の女性に「子ども、どうするの?」「まだ生まないの?」と聞くのは、言われた女性側としては、男性が思っている以上に深く傷ついているかもしれません。そうした相手の立場を、ロールプレーをすることによって**体験する**ことができるのです。

嫌いなものを好きな人の立場に立って話す

私が授業で行うロールプレーの中には、自分では嫌いなものを、好きな人の立場に立って話すというものもあります。

4人1組になって、まずは1人ずつ1分くらい、自分の嫌いなものについて語ります。

自分の嫌いな食べ物や嫌いなタイプの人や芸能人などについて話すのは、みなさん容易《たやす》いようです。

その後に、「では、今語った嫌いなものを、今度は好きな人の立場に立って、3分間話してください」と指示します。たった今、1分かけて貶《けな》していたものを、今度はその3倍の時間をかけて褒めなければならないわけです。

今まで、自分の嫌いなものを好きでいる人の気持ちなんて想像したことはなかったでしょう。

「どうしてこんなものが好きなの？」

「感覚おかしいんじゃないの？」

「センスがどうかしている」

そのように思っていたのに、今度はそれを好きな人を演じて、褒めなければならないわけです。

最初、学生たちはみんな「えー」と不満顔になりますが、課題ですので順番に3分ずつ褒めてもらいます。学生は渋々、自分の嫌いなものを、好きだと強く思い込んで、好きな点を無理やり探して、3分間話します。

しかし、好きなつもりになって話してみると、不思議とその瞬間は好きになってしまうものです。まさに想像力を駆使して、立場や視点を変換しているからです。

このロールプレーを終えた学生たちは、みんな一様にいい顔をします。そして意外にも、「考えが変わりました」という感想を述べるのです。「すごく衝撃的な課題でした」と言ってくれた学生もいました。

このロールプレーを行ったからといって、元々嫌いなものを好きになることはないかもしれません。ですが、好きという人の気持ちを、少しでも理解できるようにはなるのです。好きな人の気持ちに成りきってみることで、自分の想像力の幅がグッと広がったということです。

視点の転換がこの対人想像力にはとても重要です。嫌いだと思っても、好きな人の立場に立って考えることができるようになると、自分と反対の立場であっても、「これを好きな人もいるかもしれない」と思い、「批判的なことを言うのは控えよう」と思えるようになるのです。そうなると、失言、暴言の類は劇的に減ります。

大勢の学生を前に話す時に、「私はアーティストの○○さんはあまり好きではないのですが……」と言ったとしましょう。もし、学生の中にその人のファンがいたら、あまりいい気はしないでしょう。教員は学生への影響力も大きいので、教員に否定されたというのは、すごく不愉快になると思います。ですから、私はなるべくネガティブなことは言わずに、いいところを見つけて褒めるようにしているのです。

外交にも求められる対人想像力

対人想像力は、国際関係においても必須の能力になります。

2022年2月24日、ロシア軍によるウクライナへの全面侵攻は、世界に衝撃を与えました。アメリカとイギリスは、ロシアの侵攻の前から、諜報を通じて集められたインテリジェンス（機密情報）をもとに、1月の時点で「ロシアは侵攻してくる」とウクライナへ警告していました。

しかし、約12万5000人のロシア軍がウクライナとの国境に配備されても、世界のほとんどの国は、まさか本当にロシアがウクライナへ攻め込むとは思っていませんでした。ロシアは侵攻するまで「ロシアはウクライナを攻撃する計画はない」と主張していました。多くの人が、それを信じていたのでしょう。

当のウクライナのゼレンスキー大統領ですら、米英に「侵攻が迫っているとする警告が、ウクライナ経済を危険にさらしている」（BBC）から止めてくれと言っていたほどです。

世界中の人々が民族や国を超えて、愛情をそそぎ合える世界は理想でしょう。しかし、全世界の人々が平和を望んでも、征服欲を持った1人の権力者が他国への侵攻を決断すれば、一夜にして平和な日々が終わることを、世界はあらためて思い知らされました。

考えてみれば、血のつながった親子の間ですら、痛ましい事件が起こることがあります。兄弟間、家族間、近所付き合いでも、学校でも、会社でも、また、例えば東京湾の中央防波堤の帰属について長年争っていた大田区と江東区のように自治体間でも、愛憎、利害関係で、諍《いさか》いがあります。まして歴史・伝統・文化を異にする民族間、利害がぶつかる国家間の争いが起こることは歴史が示すとおりです。

国と国とが友好関係を築くのは簡単なことではありません。国が違えば往々にして利害関係は対立しますし、国家はそれぞれの国の国民の名誉や誇り、生活を守らなければなりません。

こうした国と国との外交でも対人想像力は必須の能力です。政治家や外交官は、**相手の国の立場に立って考えてみる**ということをしているからです。

例えば、変化の激しい現代の国際社会で、技術も資源も乏しい小国が生き残るためには
どうすればいいのか、あえて相手の国の立場に立って考えてみましょう。

国際社会からの援助もほしい。
他国と経済協力関係も築きたい。
そのためには、どうにか対等な交渉をしたい。
だが、自分の国には資源も産業もない。
それでは手持ちの交渉カードが乏しすぎる。
やはり強力な武器が必要だ。
すごい武器を製造して、それを交渉カードに使って取引しよう。
大国と対等にわたり合うためには核兵器を持つしかない――。

悪の枢軸《すうじく》と言われているような国でも、その国の立場に立って考えてみれば、賛成か反対かはともかく、「そう考えるのもやむを得ないかもしれないな……」と理解くらいはできるのではないでしょうか。

政治家や外交官はこうした思考を行っています。交渉相手を理解することは、交渉事をする上での第一歩だからです。

もちろん理解したからといって、それで別に相手に譲歩したりする必要はありません。『ダライ・ラマ自伝』（文春文庫、２００１年）などを読んでいますと、チベットがどのようにして中国によって侵略されていったかということが分かります。残念ながら国際関係というのは、譲り合いの精神が通用しづらいレベルの場でもあるということを思い知らされます。

国家というのは要するに、その国の国民の利益の総意です。どこの国の国民だって利益を拡大したいのです。どこの国も自国の利益を拡大しようとして、せめぎ合っている。そこで敵対して戦争するわけにはいきません。かと言って、譲るばかりでは、自国の利益がどんどん侵されてしまいます。

そこで、相手に対してまったく聞く耳を持たずに敵視するのではなく、相手の立場に立って考えてみれば理解できる、というところまで想像力を働かせてみる作業が必要になるのです。

こういう時に、先ほど紹介した太宰治の『駈込み訴え』でユダの思いに触れた経験が生きてきたりするわけです。

『ハリー・ポッター』の作者の想像力論

本章では対人想像力について述べてきました。いかに現代においてこの力が求められているかを指摘し、その能力を伸ばすために、コミュニケーションの場数を増やす、多くの経験をする、さまざまな人々の人生に触れる、映画を観る、小説を読む、その役に成りきってみることなどを提案してきました。

この章のまとめとして、『ハリー・ポッター』シリーズの作者として世界で知らない人はいないであろうJ・K・ローリングさんの言葉を紹介します。

彼女がアメリカの名門校ハーバード大学の卒業式の演壇に立ち、卒業生に向けて「想像力の重要性」についてスピーチをしたことがあります。ユーチューブに実際の動画があるので、興味を持った人はぜひそちらを見てみてください。お手本のような素晴らしいスピーチです。

そのスピーチの中でローリングさんは、想像力について次のように述べています。

想像力は、実在しないことを心に描くという人間だけの能力として、あらゆる発明やイノベーションを生み出してきました。ですが、それだけではありません。想像力には時空を超え、啓示を与える力があり、それ故に、経験を共有していない相手に**共感**することができるのです。

このように彼女は、想像力の価値を「**共感**」に置いています。この講演ではその原体験として、20代前半の時のエピソードが語られます。

ローリングさんは、20代前半の頃、ロンドンにある国際人権NGOアムネスティ・インターナショナル本部のアフリカ担当の調査部で働いていたそうです。そこで彼女は、政府に抑圧され、発覚すれば投獄される危険を冒してまで送られてきた告発状や、実際に拷問を受けた人の証言、その傷の写真を見るなどの経験をすることになりました。また痕跡もなく蒸発してしまった家族や友人の消息を必死に求める人たちの手紙も読んだそうです。

こうした数々の苦しみに共感することができる力、それこそが想像力であると彼女は言っています。**対人想像力とは他人のことを自分のこととして捉えられる能力**であると説明してきましたが、まさにこのことです。

さらに彼女は想像力について次のようにも話しています。

地球上に暮らす他のどの生物とも違って、**人間は実際に経験することがなくても、学んだり理解したりすることができます。他人の気持ちになり、自分がその立場だったら、と想像することができる**のです。

もちろん、これは私の作品に登場する魔法同様、道徳的に中立の力であって、それ自体は善でも悪でもありません。相手を操作するためにそうした能力を使おうとする人もいれば、相手の身になって考えるために使おうとする人もいるでしょう。

それに、**想像力をいっさい使おうとしない人**もたくさんいます。しかし、人と共感しないことを選ぶ人々は、自分自身が邪悪な行為に手を染めていなくても、無関心な態度をとることで、そうした行為に手を貸してしまっているのです。

18歳の時に古典の世界に飛び込んだ私は、そこでたくさんのことを学びました。その一つが古代ギリシャの作家プルタルコスの「われわれがその内面で達成することは外の世界の現実を変えることになる」という言葉です。これは、我々の日々の生活の中で何

千回となく実証されています。我々は単に存在するだけで、他者の人生に影響を与えているのです。（中略）

皆さんがご自身の影響力を発揮し、発言力を持たない人々のために声を上げることを選ぶなら、また、力ある者だけでなく無力な者たちにも自分を重ね合わせることを選ぶなら、さらには、**他の人々の暮らしがもし自分のものだったらと想像する力**を失わなかったら――。

そのときは、皆さんの力添えによって現実が好転した何十億人もの人々が、あなた方の存在を祝福するようになるでしょう。魔法がなくても、世界は変えられます。そのために必要な力はすでに我々のなかにあるのです。

ローリングさんは、「人間は実際に経験することがなくても、学んだり理解したりすることができます。他人の気持ちになり、自分がその立場だったら、と想像することができる」と言っています。

よく経験が大事だと言われます。私も想像力の土台は経験であると先述しました。たしかに経験は大事です。しかし、経験していないことでも想像力を使えば、学び、理解することができる、それが人間だと言うのです。

この講演が、ハーバード大学で行われたということも重要です。聴衆は、日本の表現で言えば〝勝ち組〟の若者です。アメリカでは日本以上に格差社会が深刻な状況です。つまり、格差の上にいる人たちに向かって、下にいる人たちのことをいかに想像できるかが大切であり、それが現実を良い方向へと変える力であると、ローリングさんは話しているわけです。

ローリングさんは最後に、「魔法がなくても、世界は変えられます。そのために必要な力はすでに我々のなかにあるのです」と言っていますが、その力が想像力です。

私たちの**想像力には世界を変える力がある**のです。その力を信じましょう。

第3章　クリエイティブ想像力――創造するために想像する

松任谷由実さんの歌詞は実体験か？

二つ目の想像力は「② **クリエイティブ想像力**」です。クリエイティブ想像力とは、**創造するための想像力**です。

創造(creation)とは、「新しいものを初めて創り出すこと」です。そして、想像(imagination)とは、「実際には経験していない事柄などを推し量ること。また、現実には存在しない事象を心の中に思い描くこと」です。創造するためにはまず想像しなければなりません。

そのための想像力を、「クリエイティブ想像力」と呼ぶことにします。

クリエイティブ想像力は、新しい商品や新しいサービスなど、もし「このようなことができたら」という、さまざまな可能性を柔軟に想像する力です。

以前、『関ジャム 完全燃SHOW』（テレビ朝日系）という音楽番組で、ユーミンこと歌手の松任谷由実さんの独占インタビューが放映されていました。1972年に荒井由実としてデビューし、2022年で50周年を迎えたレジェンドです。

その番組の中で、歌詞について、

「歌詞は実体験？ フィクション？」

という質問がありました。それに対してユーミンは、**実体験だけだと身が持たない**と答えていました。身の回りにいる人のちょっとした恋愛エピソードをヒントにして、そこから自由な想像力で歌詞を作ることはよくあるそうです。『真珠のピアス』もそのようにしてできた作品だということです。

数々の創造力豊かなデザインを生み出した、フランス人のファッションデザイナーのココ・シャネルにとって、そのクリエイティブの最大の源泉は小説でした。

シャネルは孤児院育ちです。だから、子どもの頃は金銭的な問題もあり、できる経験は限られていました。しかし、シャネルは**多くの小説を読むことで豊かな想像力を養っていきました。**

つまり、「イマジネーションなくしてクリエイティビティなし」なのです。イマジネーションを広げていくことが、新しいものを創造するためには欠かせない作業になります。

大仏をラベンダーの丘で囲んだ安藤忠雄さん

北海道札幌市にある「真駒内《まこまない》滝野霊園」には、元々高さ13・5メートルの大仏がありました。有名な建築家の安藤忠雄さんは、この大仏を巡る景観設計をしたのですが、安藤さんは、この大仏をラベンダーの丘ですっかり囲み、外から見えるのは頭部、それも目から上だけにしてしまったのです。40メートルのトンネルが仏像を囲う広場につながっており、そこを通って初めて頭部以外が見られるという仕掛けです。

安藤さんは、この大仏について、次のような言葉を寄せています。

北海道の自然は広大である。その美しさの中に日本人が忘れてきた豊かな感性を宿している。感動は大きな生きる力になる。頭大仏は外から見えない。冬は、頭に白い雪が積もる。**見えないことによって想像力を喚起する。**

安藤忠雄さんがデザインした「頭大仏」
（北海道札幌市・真駒内滝野霊園）

［真駒内滝野霊園ウェブサイト］

安藤さんはこのデザインについて、「デザインの意図は外からは見えない部分への想像力を高めるためにトンネルという長いアプローチから始め、はっきりとした空間的連鎖を作り出すことでした。トンネルの突き当たりで上を見上げると空の後光に包まれた大仏の頭が見えるのです」（同ウェブサイト）と説明しています。

本当に面白いと思います。もし最初から全部が見えていたら、遠くから眺めるだけで満足してしまうかもしれません。ところがここの大仏は隠されています。見えなければ、何かあるのではと、否が応でも好奇心を刺激されます。

入口から入ると、大仏の下半分が見えます。トンネルを通って中へ向かって近づいていくと、徐々に目線が上がり、広場に着くと、初めて大仏の全体像が見えるようになっているのです。

もしもミロのヴィーナスに腕があったなら

この大仏のことを知った時に、最初に思い浮かべたのが、ミロのヴィーナスです。言わずと知れた古代ギリシア時代の両腕の欠損した大理石の女神像で、パリのルーブル美術館にあります。

私はミロのヴィーナスを実際にルーブル美術館で見たことがありますが、腕はどのように付いていたのだろうか、と想像力をかき立てられます。一方で、もし腕があったら、ここまで美しさを感じることができただろうか、とも思ってしまいます。腕がなくてもとてもバランスが取れているのです。

詩人の清岡卓行《たかゆき》さんも「ミロのヴィーナス」という文章で指摘されていましたが、やはりヴィーナス像は、腕がないことによって想像力をかき立てる傑作になったのではないでしょうか。もしすべてがそろっていたとしたら、ここまで人を魅了することはなかったかもしれません。あったはずの手はどのような形だったのかを観る人に委ねているからこそ、えも言われぬ美しさを醸し出すのです。

能も無駄を省いた日本の伝統芸能の一つです。能役者の世阿弥《ぜあみ》が著書『風姿花伝』に、「秘すれば花なり、秘せずは花なるべからず」と表現していたことと通じます。すべてを一ぺんに見せてしまうと、飽きられてしまう。「花」とは面白さや珍しさである。「花」は隠れたところにあり、想像する余地を相手に与えることが美しさを生み出すということです。

俳句も同じです。俳句は、五七五というたった十七音によって表現されるものです。それにもかかわらず、場合によっては千の文字を費やすよりも、生き生きと聞き手にその光景や思いを届けることができます。

水墨画も色は紙の白と墨の黒しかなく、必要最小限の線のみで構成されますが、俳句と同様に、時に万の色を使った絵よりも、鮮明にその風景を見る人の脳裏に浮かび上がらせます。

俳句の余韻と水墨画の余白。どちらも**あるべきものが無い**からこそ、対峙する者の想像力を存分に刺激します。言わば「**余白力**」です。

詩の言葉から喚起されるイメージを味わう

ドイツの作家ゲーテも、詩作について次のようなことを述べています。

散文を書くには、何か言うべきことをもっていなければならない。しかし、何も言うべきことをもっていない者でも、詩句や韻ならつくれるよ。詩の場合には、言葉が言葉を呼んで、最後に何かしら出来上がるものさ。それが実は何でもなくても、何か曰くがありそうに見えるのだ。

［エッカーマン『ゲーテとの対話』］

ゲーテが言うには、詩の方が散文より簡単で、意味がなくても、思いつきで言葉を並べていけば、読む人が勝手にそこに意味を見つけてくれるというのです。詩も言葉の余白があるからこそ、読者の想像力が自由に活動する余地があり、それこそが詩の魅力と言えるでしょう。

夭逝《ようせつ》の天才詩人として今でも根強い人気のある中原中也の有名な詩で、「汚れつちまつ

た悲しみに　今日も小雪の降りかかる　汚れつちまつた悲しみに　今日も風さへ吹きすぎる」という表現があります。これを論理的に読もうとすると、正直よく分からないものです。

しかし、ゲーテが言ったように、詩は「読む人が勝手にそこに意味を見つけてくれる」のです。「よく分からないけど、なんかいい」という自由さが詩の魅力です。**読む人が言葉と言葉の間を想像力で補うことによって、風景が頭の中に浮かび上がる**のです。

同じく中原の「サーカス」という詩には、冒頭に「幾時代かがありまして　茶色い戦争ありました」という表現があります。「茶色い戦争」という表現が、何かははっきり分かりませんが、想像力をかき立てられます。

「観客様はみな鰯《いわし》」「咽喉《のんど》が鳴ります牡蠣殻《かきがら》と」という表現も面白い。そして、空中ブランコが揺れていることを「ゆあーん　ゆよーん　ゆやゆよん」と表現しています。「ぶらんぶらん」とかではないところが、さすが詩人です。

私はこの表現がとても気に入ったので、私が総合指導をしているNHK　Eテレの番組『にほんごであそぼ』で取り上げてもらいました。こうした表現は、感覚や想像力を直接刺激してくれるもので、子どもたちもそれを存分に感じ取ってくれているようでした。

宮沢賢治の『風の又三郎』でも、風の音が、「どっどど　どどうど　どどうど　どどう」と表現されています。「ぴゅーぴゅー」とかではないのです。その音自体がクリエイティブです。

詩で大切なのは、言葉が喚起するイメージの組み合わせです。言葉の直感力が重要になります。物事を論理的に考えることも、もちろん大事なことですが、詩を味わうことによって、言葉のイメージの力を感じましょう。

村上春樹さんの「カキフライ理論」

作家の村上春樹さんは、『世界の終りとハードボイルド・ワンダーランド』『ねじまき鳥クロニクル』『1Q84』など、その独特の世界観で世界中にファンがいますが、そうした作品はどのように生み出されるのでしょうか。

村上さんはあるイベントで想像力について次のように述べています。

子供というのは、想像力は活発ですよね。でも、みんな子供のときの想像力を多かれ、少なかれ、失っていく。というのは、それ以降持っていると、いろいろなことができない。想像力ばかりでいるから。だからなるべく、自然に封印していくと思う。

でも、**大人になって、もう一度（想像力が詰まった自分の中の）「屋根裏」にアクセスすることは可能**なんです。例えば、小説家っていうのは、大人として「屋根裏」にアクセスすることなんです。

人は、子どもの頃には活発に働かせていた想像力を、大人になるにつれて封印してしまっているが、大人になってからでも想像力の詰まった「屋根裏」にアクセスして、想像力を発揮することができる、と村上さんは言っています。

アーティストは、そうした自分の中に眠っている想像力の源泉を探し当て、そこから湧き出てくる想像力を使って芸術活動をしています。

村上さんは小説を書く時は、「だいたい朝4時から5時に起きて、コーヒーをいれて、コンピューターのスイッチを入れて、それから文章を書き始めます。自分の中にある言葉を一つ一つすくいだして、文章にしていく」そうです。

面白いのは、想像力を発揮するための工夫として、「カキフライを揚げている」と考えると想像力が出てくると述べていることです。

自分の小説を書いているんだと思うと、言葉が思い付かない。でも、僕はカキフライを揚げていると思うと、肩の力が抜けて想像力が出てくるんです。

小説を書くのはとても孤独な作業だけれども、それは「1人カキフライ」にすごくよく似ていると村上さんは言います。「小説は、誰に頼まれて書くわけではない。自分が書きたいから書くんです。カキフライだって、自分が食べたいから、誰に頼まれることもなく、自分で揚げるんです」、だから、小説を書いている時は、「今僕は、台所でカキフライを揚げているんだ」と考えるようにした方が、肩の力が抜けて想像力が出てくるそうです。「小説を書くこと」と「カキフライを揚げること」を結びつけるあたり、村上さんが類稀《たぐいまれ》なる想像力の持ち主であることがあらためて分かります。

さて、突然ですが、みなさんが男の子だとして、女の子に、

「私のことどれくらい好き？」

と聞かれたとします。みなさんでしたら、どう答えますか。その答え方にも、想像力が

試されます。

村上さんの作品に出てくる男の子は、次のように答えています。

「春の熊くらい好きだよ」(『ノルウェイの森』)

「夜中の汽笛くらい」(「夜中の汽笛について、あるいは物語の効用について」)

思わず、「え？　どういう意味？」と聞き返したくなるような答えですよね。男の子はなぜそう答えたのでしょうか。ぜひ作品で確認してみてください。

「こんな夢を見た」で大喜利——夏目漱石『夢十夜』

村上さんも述べているように、想像力は誰でも持っている能力です。そこにどのようにアクセスするかという鍵さえあれば、クリエイティビティというのは、誰でも手に入れることができるということです。

夏目漱石の小説で『夢十夜』という作品があります。第一夜から第十夜まで10篇の話があるのですが、それぞれ例えばこんな出だしで始まります。

第一夜

こんな夢を見た。

腕組をして枕元に坐っていると、仰向に寝た女が、静かな声でもう死にますと云う。女は長い髪を枕に敷いて、輪郭の柔らかな瓜実顔《うりざねがお》をその中に横たえている。真白な頬の底に温かい血の色がほどよく差して、唇の色は無論赤い。とうてい死にそうには見えない。……

第二夜

こんな夢を見た。

和尚の室を退《さ》がって、廊下伝いに自分の部屋へ帰ると行灯《あんどん》がぼんやり点《とも》っている。片膝を座蒲団の上に突いて、灯心を掻き立てたとき、花のような丁子《ちょうじ》がぱたりと朱塗《しゅぬり》の台に落ちた。同時に部屋がぱっと明かるくなった。……

第三夜

こんな夢を見た。

六つになる子供を負《おぶ》ってる。たしかに自分の子である。ただ不思議な事にはいつの間にか眼が潰《つぶ》れて、青坊主になっている。自分が御前の眼はいつ潰れたのかいと聞くと、なに昔からさと答えた。……

このような「こんな夢を見た」という出だしで始まる話が続くのですが、それぞれどんな話かは、実際に作品を読んでみてください。漱石には珍しい幻想的な物語です。

みなさんが自身の**想像力にアクセスする鍵**の一つとして、夏目漱石のように、**「こんな夢を見た」**というお題で大喜利をしてみましょう。「こんな夢を見た。……」という出だしで、まずは頭の中で想像力の翼を広げて、自由に物語を考えてみましょう。

そして、出来上がったら、誰かに聞いてもらいましょう。アウトプットすると、想像力がより鍛えられます。思いついた話を文字にしてみるのもいいですね。

子どものおもちゃがヒントになった発明品

漫画『ドラえもん』は、「こんなことができたらいいな」とのび太くんが望むと、「飛んで行きたい」時には「タケコプター」、「今すぐあそこに行けたらいいのに」という時には「どこでもドア」、明日試験で一夜漬けで暗記しなければならない時には「アンキパン」と、多くの願望が道具という形で表されています。

この「**こんなことができたらいいな**」も、自分の想像力にアクセスする鍵として使えます。みなさんも自分で「こんなことができたらいいな」ということを考えてみて、それに対してドラえもんのように、解決できる発明品を自由に想像してみましょう。

この考え方は、企画を立てる仕事にも応用できます。「必要は発明の母」です。必要性からアプローチすると、比較的アイデアは出やすくなります。

アイデアの生み出し方には、他にもさまざまあります。例えば、既存のものAとBを組み合わせて、ABという組み合わせを初めて見つければ、それもクリエイティブな発想になります。

「あれ、もしかして、これとこれをつなげると、面白いのでは」と想像力が働くと、それが新しいものを創造することにもつながるかもしれません。

そのためには、**想像力のスイッチを常にオン**にしておいて、何かきっかけを発見した時に、「これはヒントになるかも」と逃さないことです。

スーパーマーケットに行くと卵が売られていますが、たいてい透明パックで売っています。この透明パックは日本生まれだそうです。

これはNHKの人気番組『チコちゃんに叱られる！』でも紹介されていましたが、昭和40年頃の高度経済成長期にスーパーマーケットが登場し、卵を大量に積み重ねて陳列する必要が出てきました。

大阪にある食品包装容器の製造・販売会社のダイヤフーズ（現エフピコダイヤフーズ）は、当初紙パックを開発しました。しかし、日本ではそれまで対面販売だったので、中身の見えない紙パックは卵の鮮度を確認することができないために不評でした。

そこで塩化ビニールで楕円形の窪みのある透明のパックを開発しました。しかし、それだと窪みに入れた卵に直接衝撃がかかり、輸送中に卵が割れてしまいました。

ある時、社長は、子どもがパイプを咥《くわ》えて息を吹いてボールを浮かすおもちゃで遊んでいるのを見かけました。それを目にした社長は、パックの中で卵を宙吊りにすることを閃いたのです。そして卵の入る部分を八角錐にした容器を開発し、卵が容器の上下に当たらずに浮いているかのような状態を実現したのです。

こうした閃きも、この社長が常に想像力を稼働させ、「想像の網」を張りめぐらせていたからこそ、子どものおもちゃを見た時に自分が求めていたことと結びつけることができたのでしょう。

アフリカの人たちの水汲みを楽にする方法

全世界で、極度の貧困の中で暮らす人々の数は、1990年には全世界で約19億人（世界銀行調べ）いました。現在は半分以下に減少しましたが、まだ約7億人（同、2015年）もの人々が苦しんでいます。

水道インフラが十分に整備されていない発展途上国では、今でも何キロも先まで水を汲みに行くという作業をしなければなりません。サハラ砂漠以南のアフリカで暮らす人々の中には、1日に何度も数時間かけて水を汲みに行かなければならない子どもや女性たちがいますが、重く運びにくい容器を、長時間背負ったり、持ったりすることは大変ですし、背中や首を痛める危険性もあります。

子どもたちは水や食料や燃料を得るために働かねばならず、5人に1人は小学校に行けず、卒業する前に途中で退学せざるを得ない子もいます。こうした状況を改善するためにはどうすればいいのでしょうか。

井戸を掘る、近くの水源から水道を引いてくる、というアイデアはすぐに思いつきそうですが、これらを実行するにはそれなりの資金や資材、労力がかかりますし、アフリカは日本とは地理的・気象的条件が大きく異なりますので、そう簡単ではありません。

この問題について、画期的な容器を開発することによって解決しようとした人がいました。では、それはどのような容器だと思いますか。

私はこの問いをテーマに、学生や社会人を相手に講義をすることがあります。4人1組になってもらい、課題を話し合ってもらうグループワークです。


〈問い〉

発展途上国で子どもや女性が水を運ぶのに苦労していました。ある時、水を運搬する容器が発明されたことで、5時間かかる水汲みが1時間で済むようになりました。それはどのような容器でしょうか?


すると、だいたい7割から8割くらいのグループが、「転がす容器」という案を出します。

「Qドラム」を引く子ども［写真：アフロ］

つまりここまでは、かなりの人が思いつくアイデアということになります。

南アフリカの建築家のハンス・ヘンドリクスは、「Qドラム」という水を運搬するための容器を発明しました。これは転がして運ぶことができるバケツで、1度に50リットルも入れることができます。ドーナツ型で、穴の部分にロープを通すと、どんな地形でも転がして運ぶことができます。

例えば、エンジンが付いているような電動のものであったら、もっと便利かもしれませんが、間違いなく価格は高くなり、維持費もかかります。また動かすために複雑な作業や高度な技術が必要なものであれば、女性や子どもが気軽に扱うことはできません。

そうした意味でも、このQドラムは画期的なものでした。知性の勝利、アイデアの勝利だと思います。

私の講座の受講者も転がすところまでは思いついても、ドーナツ型で、真ん中にロープを通して、引っ張るというところまで思いつくグループはほとんどいません。一歩足りないわけです。

では、彼らとヘンドリクスとでは、何が違うのでしょうか。私は**想像力の深度**だと思いました。

まず、日々、水汲みをしている人たちからは、なかなかこうしたアイデアは生まれませんでした。なぜなら、実際に水汲みをしている人たちは、毎日水を運ぶことに必死だからです。「もっと楽に水汲みができたらなあ」と漠然と考えていたとしても、〝自分事〟すぎて、それを具体的に想像するまでにはなかなか至らなかったのです。

むしろ、当事者以外の人、例えば私たち日本人などの方が、**〝他人事《ひとごと》〟**として状況を客観的に見ることができるので、いいアイデアを思いつきやすいのではないでしょうか。何か別の選択肢があるはず、他の可能性があるはずと、想像力を働かせて、「転がす」というアイデアを思いつくのは難しいことではありません。

ただ、アイデアを実現まで持っていくには、〝他人事〟のままでは深度が深まりません。

誰が困っているのか、何に困っているのか、どういう問題が起きているのかを〝**自分事**〟のように捉えなければ、実際に使う状況を、リアルに想像できないからです。

実際に作るとなった時には、ヘンドリクスの弟がエンジニアで、2人の知恵を融合して、ドーナツ型のプラスチック製容器を考案しました。クリエイティブ想像力には、あえて自分から突き放して自由に発想する〝**他人事**〟**想像力**と、自分に引きつけて考える〝**自分事**〟**想像力**という、相反する二つの要素が必要なことを教えてくれます。

Qドラムは、素晴らしい大きな貢献をしました。南アフリカのヨハネスブルグにある主要な施設で製造され、ロンドンのサイエンス・ミュージアムなどを含む世界中のエキシビションで注目されました。

こういう構造はシンプルだが効果の高い道具やものを発明することによって現実を変えていく力こそ、クリエイティブ想像力の真骨頂と言えるでしょう。

印刷業界を革新したラクスル

既存のものに対して疑問を持ち、見直してみることもクリエイティブ想像力にアクセスする鍵になります。ラクスル株式会社の創業者で社長CEO（最高経営責任者）の松本恭《やす》攝《かね》さんは、印刷業界にシェアリングエコノミーの考え方を導入して、革命を起こしました。

印刷機というのは1台何億円もします。しかし、印刷業界では、その高価な印刷機の稼働率が4割を切っていたそうです。そのことに疑問を持った松本さんは、自ら起業し、インターネットを駆使して印刷機の稼働率を上げることを思いつき、稼働率の低い印刷機を持つ印刷会社とユーザーをマッチングさせる仕組みを編み出しました。

それによって、低コストで印刷を提供できるサービスを始めて、大成功しました。しかも、ユーザーが印刷コストを削減できるだけではなく、印刷会社の設備稼働率も高まるというビジネスモデルを生み出したのです。

このように若くして業界を革新するような人を見ると、元々持って生まれたものが違うと思ってしまいます。その松本さんがあるインタビューで次のように話していました。

人の能力は想像力によって決まることを学びました。つまり想像できることはチャレンジでき、チャレンジをすると意外に多くのことがうまくいくと。想像力がなければそれ以上のことはできないし、チャレンジをしなければ実現もできない。

このように考えるようになったのには、大学時代に学生イベントを立ち上げたことがきっかけだったそうです。そのイベントは、日本、中国、韓国の学生が集まったビジネスコンテストでしたが、松本さんは元々中国や韓国に知り合いがいたわけではなかったそうです。けれども、各国の若者が集えば何かすごいことが生み出せるのではないかと想像し、北京やソウルに行って、街を歩いているまったく知らない学生に話しかけることから始めたのです。資金もみんなで集めて、結果的には１００人以上が日本に集まったということです。

ゼロからイチを生み出せる体験をしたことで、松本さんはいかに想像力が偉大かを実感したわけです。この成功体験で自分の人生が変わっていったと松本さんは語っていました。

前章で紹介した詩人のまど・みちおさんは、世の中は、クエスチョンマーク（?）とエクスクラメーションマーク（!）でできているのではないかという表現をしています。何か分からないことに出合って、「?」と感じ、あれこれ考えたり、想像したりして、「!」と閃くわけです。たしかにこの**「?」→「!」の流れが、クリエイティブ想像力の源**ではないかと思います。

150人のLINEグループを作る

私は以前、150人ほどの受講生がいる夏季集中授業を行ったことがあります。リモートではなく、対面の授業です。せっかくこれだけの学生が一定期間集まるならば、この時だけの関係でお別れだともったいないと思い、この授業限定のLINEグループを作ることを提案しました。

元々私の授業は、ディスカッションなどを通して、学生同士で交流してもらうことが多いのですが、それでも150人いたとしたら、1人が交流できるのはせいぜい10人から20人くらいが限界でしょう。ただ、それではもったいない。150人もいるわけですから、それぞれのアイデアをみんなで共有できれば、面白いのではないかと思ったのです。

そこで、その場で150人のLINEグループを作ってもらったところ、全員の情報、例えば自分が好きな本やアーティスト、趣味などが一斉に共有されて、学生たちはものすごい勢いで交流を始めたのです。

課題を出した時に、思いついたことを気軽にLINEにアップしてもらうようにしたところ、「それだったら自分もこのようなアイデアがある」と、次から次へと刺激が増幅されていきました。この集中授業は、ＬＩＮＥグループを作ったことで、内容の密度をすごく高めることができました。

１５０人がせっかく対面でいるのに、関わらないのはもったいない。ただ、全員が全員と話すことは物理的には難しい。けれども、１５０人が情報を共有できたら絶対いいと思い、１５０人が作ったアイデアを全員がすぐに共有できる場として、ＬＩＮＥをやってもらったのでした。

実はこの話のポイントは、私はＬＩＮＥをやらないし、詳しくは知らないということです。私はＬＩＮＥを見たり、やり取りをすることで、それに時間を取られてしまい、気が散ったり、創造的なエネルギーが取られてしまうという懸念があり、ＬＩＮＥをしていません。つまり、私の中では完全に想像の世界の話だったのです。

ただ、ＬＩＮＥというものは、およそこういうものだろうということは、何となく知っていたので、学生に提案してみたわけです。自分が詳しくなくても意外とできるものだと、私にとっては面白い体験でした。

ただし、私だけＬＩＮＥをしていないので、学生たちのクリエイティブな活動を私だけが見ることができないという問題が起こりました。

すると、親切な学生がタブレット端末を持ってきてくれて、それを貸してもらって見ることができました。実際に見てみると、意見やアイデアがどんどん蓄積されていて感心したものでした。

VRの力で想像力のリミッターを外す

バーチャル・リアリティー（Virtual Reality＝以下VR）とは、コンピューターによって創り出された仮想的な空間などを、現実であるかのように疑似体験できる仕組みであり、日本語では「仮想現実」などと呼ばれます。

VRはすでにさまざまな領域で実用化されています。VRを体験できるアミューズメントスポットもありますし、家庭用ゲーム機でも体験できます。専用のヘッドマウントディスプレイを顔に装着すると、そこに立体的な映像が出力されます。映像は顔の向きや傾き、ユーザーの位置に合わせて制御されているので、あたかも自分が仮想空間の中に入り込んだかのような感覚を得ることができるのです。

その仮想空間に、最新の機器を使用して立体で「VRアート」と呼ばれる絵を描いているせきぐちあいみさんは、フォーブスジャパンが選ぶ「2021年の顔100人」にも選出された気鋭のVRアーティストです。

このように説明されても、実際に見たことのない人にとっては、よく分からないと思います。いい機会ですので、知らない人はまずは自分でVRアートとはどのようなものなのかを想像してみてください。まったく知らない世界をあれこれ考えてみることは、想像力を活性化させるトレーニングになります。

一通り想像し終えたら、ユーチューブで「せきぐちあいみ」を検索してみてください。せきぐちさんの作画風景と作品を見ることができます。

せきぐちさんはVRアーティストになった理由について、次のように述べています。

新しい体験や楽しい世界を創って届けたいという気持ちが私の根源です。
自分の作品や活動を通じて人の想像力を刺激していけたら最高に幸せです。脳の裏や心臓の底からよだれが出るような感覚です。幸せ。
私は、新しいテクノロジーを駆使しつつも、やっている事というと主に頭の中で妄想した事を具現化するという作業です。

子供のころから妄想癖が強めでした。お人形さんごっこやセーラームーンごっこをめちゃくちゃ気合入れて設定や展開考えてやるタイプでした。消しゴムと沢山会話をしたり、登下校では何者かに尾行されているという設定で隠れながら帰ったりしていました。


小さい頃から想像力全開で生きてこられたということがよく分かるエピソードです。彼女はVRというものに出合ったことで、自分の想像力がかき立てられ、アーティストにまでなっています。

彼女はツイッターで、「想像力を持って生きたい。そしてほんの少しでも、人の想像力のリミッターを外すきっかけが作れたりしたら本当に幸せ」とツイートしています。

せきぐちさん自身、過去に自分の能力に勝手に限界を決めてしまって、「自分なんてどうせこんなもん」「私はあの子よりできないし」と思っていたそうです。

しかし、VRアートという手法に出合ったことによって、新しい世界が広がり、自分自身の可能性を感じることもできたそうです。

「私はパフォーマンスを通して、これまでに見たことない世界が届けられる。それによって、人の想像力を広げていくきっかけを提供することができたらいい」とせきぐちさんは言っています。

VRの世界はこれからさらに進化していく領域でしょう。ビジネスの世界でも、従業員のトレーニングや医療現場における手術のシミュレーション、不動産業における内見の代替など、さまざまな領域でVRの利用が模索されています。

せきぐちさんのVRアートに触れることによって、多くの人々が新しい世界の広がりを感じて**想像力のリミッターを外す**きっかけになるかもしれません。

想像力を刺激してくれる道具を持つ

優れたアーティストは、筆一本、カメラ一つなどで、誰も見たことがない世界を表現します。せきぐちさんの創作活動は、最先端のVRデバイスを手に、誰も見たことのない世界を創り出しますが、そういった意味では創作活動というものは、古今東西、本質的には変わりありません。

例えばグラフィックデザイナーの佐藤卓さんとは『にほんごであそぼ』で一緒に仕事を

していますが、彼はデザインをする時に、鉛筆で仕事をするそうです。最終的にコンピューターに落とし込むことはあっても、まずは鉛筆を使って手描きするそうです。

私も赤・青・緑の3色ボールペンを高校生の頃から使っています。本を読む時には、この3色を使い、キーワードに丸を付けたり線を引っ張ったりしています。すると、その本が自分色に染まっていって、どんどん想像力を引き出してくれます。長いもので、もう40年以上やり続けています。

自分でインプットする時だけではなく、人に説明する時も、目の前に紙を置いて、3色ボールペンを使って図や絵を描いたりしながら話をします。色の違いと絵によって、自分自身が刺激され、整理されますし、説明を受ける人にも分かりやすいのではないかと思っています。

せきぐちあいみさんのVRデバイス、佐藤卓さんの鉛筆、私の3色ボールペンのような、**「この道具を使うと自分の想像力が引き出される」**というものを探してみるのもいいと思います。これは紙でもペンでも、パソコン、スマホ、机、椅子、何でも構いません。

それを手にしたり、目の前にしたりすると想像力のスイッチが自然に入るような、想像力にアクセスする鍵を見つけてください。

詩人はなぜ腐ったリンゴを机の中に入れていたのか

想像力を刺激するということで言うと、**さまざまな香りを楽しむ**というのもオススメです。ドイツの詩人フリードリッヒ・フォン・シラーは、腐ったリンゴの匂いにインスピレーションを覚え、自身の机に入れていました。シラーにとっては匂いが想像力にアクセスする鍵で、匂いに刺激されて想像力を働かせ、それを言葉にすることによって、クリエイティブな名作を生み出していったのです。

ただし、友人であるゲーテがシラーの家を訪れた際、リンゴが臭すぎて気持ちが悪くなったという有名な逸話があります。

私がコロナ禍で工夫したことの一つに、マスクに香りを付けるということがあります。ただ、毎日装着する度に付けるのは少し面倒ですので、50枚、100枚入りのマスクのビニール袋を新しく開けたら、ビニールの内側に好きな香水をパッと振りかけて、好きな香りが全部のマスクに染み渡るようにします。そうすると出かける時にマスクをするのが嫌ではなくなるどころか、楽しみになりました。

私の好きな香りの一つに、青畳のいぐさの匂いがあります。畳の匂いを嗅ぐと頭が良くなるという研究結果もあり、その効果は証明されています。私も、実感として心がものすごく落ち着き、精神的に良いということは分かっていましたので、畳の香りの香料を買いました。

それをマスクの裏に付けて、常にいぐさの匂いを嗅ぎながら歩いていますが、精神的に安定するだけではなく、やはり好きな香りはそれだけで想像力を刺激するということを実感しています。

1日にコーヒーを80杯も飲んでいたバルザック

長編小説『ゴリオ爺さん』などで知られる、19世紀のフランスを代表する文豪バルザックにとって、想像力にアクセスする鍵はコーヒーでした。彼は1日に80杯もコーヒーを飲んでいたそうです。バルザックは「近代興奮剤考」の中で、コーヒーの効能について、次のように述べています。

神経網に火がつき、たちまち炎と燃えさかり、飛び散る火花が脳髄にまでとどく。と、せきをきったように、一切が動き出す。戦場のナポレオン大軍団の大隊さながらに、観念が行動を起こし、戦闘開始だ。記憶が軍旗を振りかざしていっせいに駆けつける。比較の軽騎兵が見事なギャロップで戦場に散っていく。論理の砲兵が薬籠と弾薬を持ってはせ参じる。次から次へ警句が狙撃兵のようにやって来て、登場人物が立上がる。またたく間に原稿用紙はインクで覆われてゆく。戦闘に黒い火薬がなくてはならぬのと同様に、徹夜仕事もまた黒い液体の奔流に始まりそして終るのだ。

バルザックにはコーヒーのカフェインはもちろんでしょうが、その香りの影響もきっと大きかったのではないかと思います。この味と香りが、バルザックの想像力に火を点けていたわけです。

さらに、バルザックはこの想像力の源泉であるコーヒー豆を手に入れるために、パリ中を歩いていました。バルザックはパリの壮大さ、空気感、入り組んだ人間関係からも大いに刺激を受け、新しい小説のスタイルを生み出していきました。

その一つが「人間喜劇」です。これはまず、ある人物を主人公に小説を書きます。そして次の小説では、前の小説で脇役だった人が主人公になります。そして、次では、また別の人が主人公になるというように、何人もの人間が入れ替わって主役を演じ、それが全部同じ世界でつながっているというものです。今でいうドラマや映画の「群像劇」や「スピンオフ」のようなものです。

私は、パリにある「バルザックの家」に行ったことがあります。ここはバルザックがかつて住んでいた家で、現在は文学博物館になっています。壁中には、彼の作品に登場する人物たちの相関図が描かれていました。本当に壮観な図でした。彼らはフィクションのキャラクターですから実在はしないのですが、バルザックの中にはパラレルワールドとしてもう一つのパリがたしかにあったのだということを実感しました。

では、バルザックの小説の登場人物はまったくの想像の産物かというと、そうではなくてモデルはいるのです。パリという実在する街から十分に刺激を受け、想像力を膨らませて、バルザックは数々の名作を執筆しました。そしてこのイマジネーションで創り上げた世界が、リアリティをもって、世界中の人々を魅了していったのです。

宮沢賢治が山に登って声に出したもの

想像力にアクセスする鍵は、もちろん人によって違います。童話作家である宮沢賢治にとって、それは法華経でした。

宮沢賢治は仏教の経典である法華経の熱心な信仰者でした。法華経で描かれている極楽という世界が、そもそも豊かなイマジネーションによって創り上げられたものです。賢治はこの書にのめり込むことで、独自の童話の世界をどんどん創作していったわけです。

特に『インドラの網』という作品は、主人公の「私」が、ツェラという高原を歩いているうちに、ふと〝天の空間〟にまぎれ込んでしまい、3人の天の子どもらに導かれるという、まさに法華経的世界が描かれています。法華経で説かれている教義を直接的に説くのではなく、そこから刺激を受けたものを賢治はストーリーとして昇華させていったのです。

賢治は夜、岩手山に登って、よく法華経を音読していたそうです。山の上にその声が高らかに響き渡っていたと一緒に登った友人が話しています。

宮沢賢治にとっては、その法華経というものが絶え間なくクリエイティビティを刺激してくれる大切なものだったのでしょう。

自画像を描き続けたフリーダ・カーロ

1本につながった眉毛に唇の上のうっすらとした黒いひげ、カラフルなメキシコの民族衣装を思わせるドレスという独特の風貌で知られるフリーダ・カーロは、20世紀のメキシコを代表する画家です。

彼女は6歳の時に小児麻痺にかかり右足の成長が止まり、18歳の時にはバス衝突事故に遭って脊髄を損傷してしまいます。彼女は生涯、制作活動に支障をきたす耐えがたい痛みに悩まされ続けながらも、主に自画像を描き続けるなど、徹底して自分にこだわった人でした。

フリーダ・カーロは多くの作品で自分の顔を描いています。例えば森の中にいる小鹿を描いた絵があります。身体の部分はすべて鹿ですが、顔だけフリーダになっています。かなりシュールな絵ですが、これは数本の矢を受けて「傷ついた鹿」で、フリーダの苦痛と孤独を表しています。

彼女の自画像は、言わば自分の心の精神の状況、精神の在り方を象徴しているような絵です。「私の絵には苦しみのメッセージが込められている」と語るように、自分というものを表現していくという意志を感じます。

セルフポートレートの先駆者とされている彼女にとっては、バルザックのパリ、宮沢賢治の法華経に当たる想像力にアクセスする鍵が、自分の顔だったのでしょう。彼女の絵をたくさん見ていると、別に自分以外のものから刺激を受ける必要などないのではないかとさえ思えてきます。どんなアーティストでも、結局は自分がどういう存在かを表現するために作品を作ります。そう考えると、自分を表現するならば自分自身を描くことが最も本質的とも言えます。

自分を突き動かすものを外部に求めるのではなくて、徹底して内省することで見つけることもできることを、フリーダ・カーロは教えてくれています。

私は大学の授業で学生たちに、

「じゃあ、来週は俳句をみんなで作ってみよう」

「短歌を作ってみよう」

「ミュージカルを作って歌ってみよう」

という授業をよく行います。

最初は学生たちは、「えー、無理です」と言いますが、やってもらうと意外とでき、「やってよかった！」という感想がたくさん出ます。

そうした学生たちを見ていると、機会さえあれば、内面の表現欲のようなものに火が点き、表に出てくるということを実感するのです。

小説の挿絵に刺激を受けた横尾忠則さん

美術家・グラフィックデザイナーといった枠を超えて、多彩に活躍されている世界的アーティストの横尾忠則さんは、私にとっては昔からすごく心がかき立てられるアーティストです。

横尾さんの作品をご覧になったことのある人は分かると思いますが、時空を超越して、現実と空想世界を自由に行き来しながら、私たちが想像もしないような世界をキャンバスに描き出してくれます。その無限と思われる想像力には、いつも驚嘆させられます。

私にとって特に印象に残っているのは、『ルドルフ・シュタイナー選集』（新装改訂版）のカバーデザインです。オーストリア生まれで教育学者として有名なルドルフ・シュタイ

横尾忠則さんが造本装幀をした
『ルドルフ・シュタイナー選集　第一巻』（イザラ書房、1988年）

ナーは、哲学博士でありながら、教育、芸術、医学、農業、建築などの多方面に精通し、各界に影響を与えた人です。シュタイナー教育を確立して、実践するための学校も設立し、普及に努めた教育者です。彼は神秘的な人でもあり、例えば、人のオーラや人の見えない世界が見える人でした。

そのような人の本の装幀を横尾さんが担当されたのです。表紙を見ていただくと分かると思いますが、魂が身体から流れ出ていくようなイメージの絵が掲載されています。横尾さんが本のイメージを私たちの目に見える形で具現化してくれることによって、表紙を眺めるだけでも贅沢な時間を過ごすことができます。

横尾さんは著書『言葉を離れる』（講談社文庫、2020年）の中で、自分のクリエイティブな力の源泉を次のように書いています。

> 中学2年のころ、『少年』という雑誌で江戸川乱歩の『青銅の魔人』の挿絵を描いている山川惣治と南洋一郎の『片眼の黄金獅子』の挿絵画家鈴木御水に憧れました。（中略）
>
> この頃、江戸川乱歩と南洋一郎の少年向けの小説を読むようになったのは、挿絵に惹かれていたからです。（中略）
>
> 江戸川乱歩と南洋一郎はぼくを蠱惑《こわく》的世界に導いてくれ、ぼくの空想的夢想的性格を十分に満喫させるだけの魅力がありました。そしてこの二人の小説家によって、ぼくの内なる怪奇と冒険とロマンが未知なる世界への憧憬の扉をこじ開けて空想の王国に魂に羽をつけて飛ばしてくれたのです。（中略）
>
> この時の読書体験はその後のぼくの人格を形成するだけでなく、創意の核として、今でも底の抜けたパンドラの函と化して底の底から無限の想像力が絶えることなく湧き上がってくるような気がするのです。

横尾さんは江戸川乱歩と南洋一郎のストーリーと共に、そこに描かれていた挿絵に大きな刺激を受けました。この挿絵こそ、横尾さんにとっての想像力にアクセスする鍵だったわけです。「空想の王国に魂に羽をつけて飛ばしてくれた」と表現するほどです。横尾さんはこうした作品との出合いによって、「創意の核」としての「パンドラの函」を開けたというのです。

無限の想像力が湧き出てくる源を、「パンドラの函」としているのは面白いですね。通常、「パンドラの函」は良い物というよりは、むしろ悪い物がどんどん出てくるものだからです。複雑怪奇やロマン、中には少しグロテスクな物が出てくるイメージなのかもしれません。世間的な倫理観に縛られることなく、自由に表現活動をしている横尾さんらしい表現です。

想像力にアクセスしやすい挿絵入りの本

読書は想像力を自由にかき立ててくれますが、文字だけだとイメージが絵として湧きにくい場合もあります。そういう人には**挿絵入りの小説**をオススメします。

スペインの作家セルバンテスが書いた古典の名作『ドン・キホーテ』は、約400年も前に書かれた小説ですが、いまだに世界中で読み継がれています。

騎士道物語を読みすぎて妄想にとらわれた初老の紳士ドン・キホーテが、自分を騎士と思い込んで、古ぼけた甲冑に身を固め、やせ馬ロシナンテにまたがって、サンチョ・パンサを従えて旅に出る、というストーリーです。

ドン・キホーテは、騎士に成りきっていますので、旅の先々で、あらゆるものを騎士道小説に出てくるものに見立ててしまいます。風車に出くわした時などドン・キホーテはそれを巨人だと思い込み、全速力で突撃したりするのです。

『ドン・キホーテ』には、フランスの有名な挿絵作家のギュスターヴ・ドレが挿絵を描いている版がありますが、その挿絵があることによって、17世紀のスペインの風景の中へ読者を誘《いざな》ってくれます。

ある研究によると、挿絵が少し入っている本が一番読解力が深まる、読む気になるということも言われています。

横尾さんをゾクゾク、ワクワクさせたもの、それが少年の時の読書体験でした。とりわけ挿絵が本の中の世界に横尾少年を誘い、想像力にアクセスすることができて、パンドラの函が心の中にでき、そこからどんどん想像力が湧き上がるようになったと言うのです。その本の挿絵はたくさんの少年たちが見ていたはずです。その中でも、とりわけ横尾さんはその挿絵に魂を揺り動かされたのです。

自分の魂が感応する、共振するようなものは、想像力にアクセスする鍵になります。みなさんもぜひ、「自分の魂を揺り動かすような刺激というのは何だろう?」と考えてみてください。すぐには見つからないかもしれませんが、探し続けるということが大切です。

エクスタシーが感じられる刺激を探す

太宰治の名作『人間失格』は読まれた人も大勢いらっしゃると思います。素晴らしい作品です。お笑い芸人で芥川賞作家でもある又吉直樹さんは、『人間失格』に大きな影響を受けたと言います。

ある時、又吉さんと対談する機会がありました。そこで又吉さんは、太宰治、芥川龍之介に大きな影響を受けたと言われていました。特に、自身で小説を書くに当たっては、『人間失格』を100回以上読んだと言っていました。『人間失格』こそが、又吉さんにとっての想像力にアクセスする鍵だったのです。

100回以上読むと、太宰の『人間失格』的魂が、自分の中に移り込んでくるのだと思います。もしくは自分の魂が『人間失格』へ抜け出ていく感じかもしれません。「エクスタシー（ecstasy）」という言葉があります。日本語では「恍惚《こうこつ》」と表現され、快感が最高潮に達する感覚のことです。ただしエクスタシーの本来の意味は、自分の中から魂が抜け出るような瞬間のことを指します。つまり自分が無くなるほどの状況ということです。そうした文学作品や芸術作品に出合えると、私たちもエクスタシーを感じることができます。

平安時代の歌人の和泉式部に次のような歌があります。

もの思へば沢のほたるもわが身よりあくがれいづる魂《たま》かとぞ見る

『後拾遺和歌集』

口語訳すると、「私があまりにものを思って（恋をして）いるので、沢（貴船川の清流）の上を飛んでいる蛍さえも、私の身体からふらふらと抜け出た魂のように思われる」ということです。

私は「あくがれいづる魂《たま》かとぞ見る」という描写に感銘を受けました。蛍を見て、自分の体から抜け出た魂のようだと思う、その感性が素晴らしいのです。蛍の光は求愛行動です。したがって、その光に自分の恋心を重ね合わせたということです。熱い恋心と蛍の光とが共鳴し合って、言い難いような幻想的な感覚を読み手に与えてくれます。

必ずしも芸術作品である必要はありません。ある女子高生は、自身の通う学校の校舎が建て替えになり、その工事現場を見ていたら、「鉄骨の組み方にシビれた」と言っていました。その子はその後、大学の建築科に進みました。もし、学校がその時工事をしていなかったら、彼女は建築科には行かなかったかもしれません。中には「クレーン車にシビれる」という人もいます。

何にシビれるかは人によって分からないところがありますので、ぜひ**自分にとってのエクスタシー**を探してみてください。

第4章　未来想像力――段取りを考える、想定外を作らない

死後という未来をも想像するのが人間

　対人想像力、クリエイティブ想像力と見てきましたが、最後は「**③未来想像力**」について述べていきます。これは、「**この行動を取った時に、将来的にどうなるのか**」と、あらかじめ想像する力です。私たち人間が他の動物と大きく違うのは、この未来を想像する力があることだと言われています。先に起こることについて、具体的なイメージで考えられる唯一の存在が、人類なのです。

　人は昔から、未来を想像することで今の生き方を決めてきたと言えます。その最たるものは、「**死後の世界」という未来への想像**でしょう。

人類は歴史上、「死後」という未来を想像し、現実の世界を生きてきました。古くは日本の記紀神話に、死者の世界として「黄泉《よみ》の国」が出てきます。

今から1000年以上前の平安時代中期に、源信というお坊さんがさまざまな経論《きょうろん》から極楽往生にまつわる経文を集めて、『往生要集』という書物を著しました。『往生要集』の面白いところは、極楽と地獄の様子が克明に描かれていることです。実は、私たちが想像する「血の海」や「針の山」といった地獄のイメージは、ほとんどが『往生要集』で源信が提示したものなのです。

『往生要集』には等活《とうかつ》・黒縄《こくじょう》・衆合《しゅうごう》・叫喚《きょうかん》・大叫喚・焦熱《しょうねつ》・大焦熱・無間《むけん》（阿鼻《あび》）の八つの地獄が描かれているのですが、例えば等活地獄は次のように紹介されています。

等活地獄は、人の住む世界の地下、一千由旬《ゆじゅん》の所にある。縦横の広さは一万由旬に及ぶ。この地獄に蠢《うごめ》く罪人どもは、互いに相手の虚をうかがいあい、常に敵愾《てきがい》心の炎《ほむら》を抱いている。たまたま相見る機を得ると、例えば猟師が鹿という好餌を目の前にした時のように、互いにござんなれと、鉄のような非情の爪で挑みかかり引き裂く。血をすりあい、肉を食《は》み、ついには骨だけがわずかに人間の形態をとどめる。あるいは地獄の獄卒が、手に鉄杖・鉄棒を握りしめ、罪人の全身をくまなく打ちすえ打ち砕く。ために身体は破れとび、ついには土塊《つちくれ》のように粉々となる。

このように、地獄が地下のどれくらい深いところにあり、広さはどれくらいありというところから、その様子まで、詳細に具体的に描かれているのです。

こうした具体的な描写によって地獄の様子を知った人々は、悪いことをした人が死後に行く地獄では、この世にはないくらいひたすら痛い思いをさせられることを知り、恐れ慄《おのの》いたことでしょう。源信はこうしたリアルな描写で罪の重さを痛感させて、極楽往生するための念仏の大切さを説いたのです。

その後、時の権力者である藤原道長らにも愛読された『往生要集』は、後世の浄土教思想・文学・造形美術などに大きな影響を与えました。

江戸時代の臨済宗の中興の祖である白隠《はくいん》禅師は、子どもの頃に地獄の絵を見て、その恐ろしさに脅え続けて、その恐怖を克服するために出家したとも言われています。

キリスト教の聖書やイスラム教のコーランでもさまざまな死後の世界が描かれています。イタリアの詩人ダンテが14世紀初めに著した壮大な叙事詩『神曲』では、ダンテ自身が主人公となり、地獄、煉獄、天国の三界を巡り、ついには天国に入ることを許され、神との出会いを果たす──、という魂の浄化を描き、人類に正しい道を指し示そうとしています。

仏教もキリスト教もイスラム教も、悪いことをしたら地獄に堕ちるというのは共通だったようです。この地獄の恐ろしさを想像させることによって、現世で正しく生きようとさせることが、人々の精神と行動を大きく支えてきた面があります。

今、貧乏で生活が苦しくても絶望せず、将来に、来世に希望を持って生きていけるようにモチベーションを与える作用が宗教にはあるのです。

ただし、だからと言って「あなたはこのままでは地獄に堕ちますよ」と未来の想像力を脅しの道具として悪用して、マインドコントロールしようとしたり、霊感商法をしようとするのはいただけません。

あえて最悪の未来を想像する

宗教にもよると思いますが、現代の日本では、さすがにそのような地獄の存在を本気で信じている人はほとんどいないと思います。ですが、現代でも悪いことをしたら報いがあります。そのことをリアルに想像させることによって、源信やダンテが地獄を示したのと同じような効果を与えることができます。

犯罪を未然に防ぐために、例えば犯罪行為をすることによって、その後の自分の身に何が起きるのか、さまざまなパターンを想像させるのです。

未来の自分が刑務所に入っているかもしれないと想像させることができれば、犯罪を思い止まらせることができるかもしれません。逮捕されて、収監されて、刑務所に入るかもしれない。番号で呼ばれ、食べたいものも食べられず、他の犯罪者たちと何年も強制的に寝食を共にさせられる生活を具体的に想像できれば、一時の感情に惑わされた短絡的な犯罪行為を思い止まる人も出てくるのではないでしょうか。

覚醒剤を一時の勢いで打つ人なども未来想像力が足りないと言えます。覚醒剤が危険な薬物であり、覚醒剤中毒者は自身の身も心も人生もボロボロにするということは自明です。

そんな自分を頭の中にイメージとして思い浮かべ、そして自分を見た親や家族や友人たちがどう思うかと想像することができれば、なぜ自分はこんな危ない橋を渡ろうとしているのか、とハッと気づき、短絡的な行動にブレーキがかかるのではないでしょうか。

『ミッドナイト・エクスプレス』（1978年）というアメリカ映画があります。出来心で旅先のトルコから麻薬を持ち帰ろうとしたアメリカ人青年が、密輸の罪で逮捕されてしまい、トルコの刑務所に入れられてしまうことから悲劇は起こります。最初は懲役4年の刑だったのが、刑期を終える寸前に裁判がやり直しになり、刑期を30年まで延長されてしまいます。そして絶望した青年は脱獄を決意する……、というストーリーです。

この映画は実際にトルコで投獄されたアメリカ人旅行者の実話を、映画監督のオリバー・ストーンが脚本化し、アラン・パーカーが監督を務め、アカデミー脚色賞などを受賞した名作です。

この映画を観れば、海外で好奇心から麻薬に手を出したりすると、いかに恐ろしい事態を招くか、ありありと実感でき、そのような軽率な行動にブレーキがかかるでしょう。

人生何が起こるか分かりません。明日、自分の身に事件が起きるかもしれません。あるいは、家族や友人に起こることだってあり得ます。それに対してあらかじめ心の準備をしておくことは困難ですが、映画を観たり、小説や漫画を読んだりして、似たようなシチュエーションを**〝予行体験〟**していれば、いざ事件に遭遇した時に、想像力が発動して、それが問題解決に役立つこともあるのです。

未来想像力の傑作――映画『ショーシャンクの空に』

同じ刑務所を描いた映画でも、『ショーシャンクの空に』（1994年）では、無実の罪で収監された元銀行副頭取が、ひどい扱いを受ける絶望的な刑務所暮らしの中で、いかに希望を捨てずに生きられるかを描いたヒューマンドラマです。原作はホラー作家スティーヴン・キングの中編『刑務所のリタ・ヘイワース』（新潮文庫『ゴールデンボーイ』所収）で、ティム・ロビンスとモーガン・フリーマン主演で映画化されました。

この映画では、脱獄までの段取りの見事さも見どころの一つです。それについては、拙著『段取り力』（ちくま文庫、2006年）でも述べたことですが、主人公の元銀行副頭取は、常に自分が刑務所を出た後の未来を想像し、そこから逆算して脱獄を成功させるために、気の遠くなるような計画を一歩ずつコツコツと進めていきます。刑務所内の劣悪な環境や囚人同士のいじめなど、数々の試練が襲いますが、彼の強靭な未来想像力は挫《くじ》けませんでした。未来を想像する力とそれを実現するための現実的段取りが、くっきり分かります。

彼は元銀行副頭取としての財務能力を活かして、鬼看守と言われている人物に投資関係の指導をしたりすることによって、刑務所内の自分のポジションを上げていきます。

そして、自分の房の壁に女優のポスターを張ることを許されます。小説の題名になった「リタ・ヘイワース」というのは、そのポスターの女優の名前です。

彼がポスターを張ったのには訳がありました。壁がもろいことに気づいた主人公は、ポスターを張って、その裏の壁を少しずつ削って穴をあけていき、最終的にその穴から脱獄に成功します。

さらにすごいのは、脱獄に成功して終わりではなく、彼が脱獄した後のこともきちんと考えていたことです。

彼は起訴されるまでの間の時間で、架空の人物を仕立て、投資を行っていました。そして、脱獄した後、そのお金でメキシコのホテルを買い取って、悠々自適に暮らすという段取りを立てていたのです。

これは小説の方で描かれたセリフですが、紹介しましょう。

「わたしは**最善を願い、最悪を予想していた**——ただそれだけだ。あの偽名も、自分が持っているわずかな資本を、ふいにしないためだった。わたしはハリケーンの進路から家財を運び出した。しかし、思ってもみなかったよ。そのハリケーンが……こんなに長くつづくとは」

彼には無実の罪で逮捕、収監されるという不遇な状況でも、自分の実現したい夢やビジョンが明確にありました。何としても脱獄して国境を越え、メキシコのホテルのビーチで太陽を浴びながら過ごしたい。そうした具体的なイメージを持って、そこに至るまでを逆算し、事を進めていったのです。

ビジョンを明確にして逆算し、やるべきことを進めるのは、事を成し遂げるための鉄則ですが、わりとできていないケースが見受けられます。よくあるのが、何のために何をやっているのかが分からなくなってしまう場合です。

未来想像力でビジョンをできるだけ明確に描き、それを常に意識して、やるべきことを進めていきましょう。

未来想像力で現実の苦が苦でなくなる

中国の故事成語でも、薪の上に寝て肝を嘗《な》めて、将来の成功を期して苦労に耐える「**臥**《が》**薪嘗胆**《しんしょうたん》」や、ことわざでも「**石の上にも3年**」という言葉があります。

想像力には、古来より人により良い将来を想像させることによって、現実の辛さにも耐える力を生み出させる効果があります。これは先に紹介した『往生要集』で描かれている極楽や、キリスト教やイスラム教の天国などと同様の効果です。

未来想像力をうまく使えていない人の中には、「石の上にも3年」ができずに、今の苦労や困難に耐えられず、とりあえず辞職して、より苦しい生活に入ってしまう人もいます。

SNS上には無数のネガティブな投稿が発信されていますし、ネットの記事でも早期の転職を進めたりする記事や広告が蔓延していますので、「日本の終身雇用制度は古い、もっと自分に合う会社が他にあるはずだ」と今の会社の良さが分かる前に転職してしまう人が昔より増えています。

もちろん、入った会社が実はブラック企業で労働環境が劣悪だったり、精神的に限界が来ていたり、社風がまったく自分と合わなかったりする場合は、早めに転職した方が良いでしょう。また、入社後に自分が本当にやりたいことが見つかることもあるでしょうから、転職は一概に否定はできません。

とは言え、「石の上にも3年」が今でも人口に膾炙《かいしゃ》しているように、やはり歯を食いしばって我慢して3年やってみることによって見えてくる景色というものがあるわけです。入社して1年目は仕事を覚えたり、先輩に使われたり、上司ともうまく付き合わなければならなかったりと大変で、2年目になると少しそうした生活に慣れてきて、3年目になるとやっと社会人生活と会社の風土と仕事にも慣れ、面白さを感じてくるということがあるのです。現に社会の大多数の人たちはそうしてやってきています。

こうした点にも想像力を働かせると、自分は本当に転職するべきなのか、目の前の辛いことから逃げているだけではないのか、といったん立ち止まって考えることができるでしょう。想像し、熟考した上で、転職がいいと判断したなら、**「熟慮断行力」**を発揮するのがいいですね。

好きな人への告白をするかしないか

あなたが、いいなと思った相手に告白しようとしているとします。この場合、最悪の事態は何でしょうか。

では、好きな相手にフラれることでしょうか。

のか、やんわり「友達でいましょう」と断られるのか。そしてその言葉を言われた後に、自分がどんな気持ちになるのかも、想像してみましょう。

次に、告白しなかった場合も想像してみましょう。チャレンジしなかったということです。あなたはそのことをどう考えますか。

「もしフラれたら傷つくから、そのリスクを未然に避けることができた」と考えることもできます。あるいは、「たとえ告白して断られたとしても、チャレンジしないよりはマシだった」と思えるかもしれません。ダメだったとしても、チャレンジしたことで経験値を積み、それが次の成功につながるかもしれません。

高校時代に、私の友人が好きな女の子に確率は低いけれども告白したいということで、友人みんなでラブレターの文面を考えたことがありました。彼はその後、告白して、残念な結果となりましたが、私たちはその友人を勇者として褒めたたえました。「よくやったな、よくチャレンジした」とみんなで拍手しました。

単に告白の結果だけを見ると、失敗したということですが、同じ失敗でもその結果だけしか見ずに落胆してしまうのか、その失敗を「経験」と前向きに捉えるのかで、意味合いが変わってきます。

告白の場合、ほとんどの人は成功か失敗か、成功したらバラ色の未来、失敗したらどんなに傷つくか、だけしか考えられないでしょう。しかし、失敗した場合でもプラスに捉えることができるのであれば、勇気が湧くのではないでしょうか。

告白を例に取りましたが、この考え方は告白以外にも応用できます。未来は見えないものですが、少なくともどんな未来があり得るかはある程度想定できます。

先ほどは自制のための方法として紹介しましたが、私たちに重要な決断が求められる時にも、まず**「最悪の事態を想定してみる」**というのは一つの手です。この決断をしたら会社が潰れる、これをやったら自分がクビになる、これをやったら会社に大損害を与えるなどと、最悪の事態を想像するのです。

そして、次に、それ以外の事態を想像してみてください。最悪の事態よりはマシだけど、こういうデメリットがあり得る、だけど一方でこういうメリットも見込まれる、と最悪の事態を基点として想像力を広げていくのです。

これは単に心配性ということではなくて、未来を想像していく技術であり、習慣にしてほしい思考法です。

こうした想像の習慣を持つことは大切です。とりあえず想像してみる、その時、最悪の事態から想像してみて、大して最悪ではないと思えたら、ためらう必要はありません。後は思い切って行動するだけです。

新銀行東京の失敗

個人の未来想像力が足りない分には、その影響は当人やその周辺の人たちに及ぶだけで済みますが、組織を動かす側の人たちに未来想像力がないと、社会が混乱します。

かつて、新銀行東京という銀行がありました。当時の石原慎太郎都知事の肝いりで、既存の銀行の「貸し渋り」に苦しむ中小企業を支援しようと、東京都が1000億円を出資して2005年4月に開業しました。

設立の趣旨に基づいて無担保・無保証の融資を売り物にしたものの、元暴力団組員が新銀行東京の元行員らと共謀して、決算書の偽造で融資金を詐取したとして逮捕される事件が起きるなど、審査の甘さやずさんな融資などで、開業からわずか2年半で累積赤字が936億円まで膨れ上がり、経営難に陥りました。

都は2008年に400億円を追加出資したものの、業績は改善せず、結局、2018年に東京都民銀行、八千代銀行との経営統合に合流し、「きらぼし銀行」となり、「新銀行東京」という名前は消滅しました。

新銀行東京は石原都政の完全な失政、愚策だったわけですが、行政が見通しの甘い事業を行ったことによって、結局、1300万人の都民に大損害を与えてしまったのです。

アベノマスク、COCOA、持続化給付金の検証を

コロナ禍に関連しては、初期のマスク不足だった時に、いわゆる「アベノマスク」と呼ばれた布製マスクが約260億円をかけて全世帯などへ配布されましたが、着用していた人をあまり見かけませんでした。たしかにあの当時は医療機関も深刻なマスク不足に陥っていましたので、多少の効果はあったのかもしれませんが、果たしてこれほどの予算をかけてまで行うことだったのか、費用対効果に大きな疑問が残ります。

2020年6月から運用された新型コロナウイルス接触確認アプリCOCOAも、2022年11月で運用停止となりました。理由としては陽性者の届け出の仕方が見直されたからということですが、実際どれくらい利用されて、有効だったのでしょうか。本当にコストに見合うものだったのでしょうか。

持続化給付金制度についても、不正受給が横行しました。この制度はスピード重視でしたから仕方ない面もあるのかとは思いますが、不正受給者が出るのではないかということは当初から危惧されていました。そして、結局多くの不正受給者が発生しました。これももう少し何とかならなかったのかと悔やまれます。

最悪の事態を想定ばかりしていては行政は進まないかもしれませんが、かと言って、楽観的を通り越してずさんな見通しで政策を進められても、失敗した時のコストを支払うのは結局、国民になります。未来について完全に予測することはできませんが、行政に携わる政治家や役人には、特に高い未来想像力が求められるのです。

日本人として避けて通れない『失敗の本質』

とは言え、私たちは超能力者ではありませんから、予知能力を身につけることはできません。では、未来想像力を鍛えるためにはどうすればいいのでしょうか。

大切なのは**失敗から学ぶ**ことです。どのように未来を読み間違えたために、このような結果になってしまったのかという検証です。これが未来想像力を高めるための第一歩です。

これに関する良書としてオススメしたいのが、『失敗の本質――日本軍の組織論的研究』（中公文庫、１９９１年）という本です。題名から分かるように、なぜ第二次世界大戦において日本は敗れたのかということを、組織としての日本軍の失敗と捉え直して論じた本です。

この本では、敗戦の原因となった日本軍の次のような問題点が挙げられています。

・トップからの指示が曖昧であった。
・データの解析が適切ではなかった。
・責任の所在が不明であった。
・感情に流され合理的な議論が行われていなかった。
・あるべき選択肢が考慮されていなかった。

いかがでしょうか。自分の今いる会社や組織にも当てはまると思った人もいるのではないでしょうか。

これらの問題点に加えて私が特に注目したいのは、「自己革新組織に成りきれなかった」

という失敗です。時々刻々変化する状況に合わせて柔軟に対応するべきだったのに、それができていなかったことです。

日本は1904年に当時世界最大の陸軍大国だったロシアと日露戦争を戦いました。日本軍は当初の予想を覆し、日英同盟によりイギリスの協力を得ながら、旅順を攻略し、日本海海戦においてはロシアのバルチック艦隊をほぼすべて撃沈し、奉天会戦も制し、ロシアに勝利しました。これはヨーロッパの白人国家にアジアの有色人種の小国が勝利した歴史的出来事とされました。

その10年後の1914年、ヨーロッパで第一次世界大戦が勃発します。日英同盟に基づいて参戦した日本は、イギリスの敵国ドイツの中華民国における租借地を攻撃して占領するなどし、戦勝国となりました。しかし日本は、ヨーロッパの戦地における国を挙げての総力戦を経験しませんでした。

その後、日本はアジアの権益をめぐり、米英らと対立するようになります。満州事変、国際連盟脱退を経て、1937年に日本軍は蔣介石率いる中華民国へ侵攻し、日中戦争が勃発します。日本軍は各地の戦闘では勝利するものの、その広大な大陸を制圧しきれず、戦局は膠着化します。

さらに日本は1941年12月8日、米英らとの戦争に突入します。日本軍の中には、短期決戦ならば何とかなるとしても、長期的になれば勝てないという、海軍大将の山本五十六のように現実的な想定をする人もいました。しかし、日本は「もうアメリカと戦争するしかない」と判断して、戦争に突入しました。それを当時の新聞も賛成しましたし、多くの国民も支持をしました。戦争は長期化し、結局、みなさんご存じのとおりの悲惨な結末を迎え、終結します。

私たち日本人にとって第二次世界大戦は避けて通れない出来事です。日本はなぜあの戦争に突き進んでしまったのか、あの戦争を起こさないことはできなかったのか、せめてもっと早くに終らせることはできなかったのか……。

しかし、日露戦争の成功体験が度々、日本の政府や軍民の判断を誤らせました。過去の失敗から学ぶことは重要ですが、過去の成功を踏襲することは悪手です。

もちろん、日本軍もただ過去の勝利に酔っていたわけではなく、データを多角的に分析し、いろいろな事態を想定していました。しかし、1941年12月8日の真珠湾攻撃で、「トラトラトラ（ワレ奇襲ニ成功セリ）」と喜んでも、大本営ではその後の勝利までの道筋は、ほとんど見えていなかったわけです。であれば、せめて戦争の早期終息をはかるべきだったというのは、後から考えれば明白なことです。

こうした歴史が教えてくれるのは、「こうするしかない」と決めてしまった時の危うさです。「**こうするしかない**」**思考は未来想像力の多様性を奪う**からです。「もうアメリカと戦争するしかない」と決断する前に、万が一負けた時にどうなるかをきちんと考えるべきでした。

しかしこの時から日本は、最悪の事態を想定できず、ずさんな戦略で戦争に突入し、軍人・軍属約230万人、一般市民約80万人が犠牲になったのです。

私たちは、**過去の事例を参考にしながら、できるだけ正しい未来を想像できる力を養っていく必要がある**のです。

アメリカ人に想像してほしかった原爆の悲惨さ

一方で、日本人としてアメリカ人に、先の大戦について考えてもらいたい一番のことは、原爆を落とした後の光景を、しっかり想像できていたのかということです。明確にイメージできていれば、原爆を落とすことはしないという選択肢もあったのではないでしょうか。

むしろ想像できていなかったから、その光景を見てみたいという実験精神が働いた気がします。なぜならアメリカは、すでに日本に勝ったも同然だったのですから、あの原爆は必要ありませんでした。けれども、想像できないからこそ見てみたい、しかも2種類の爆弾をどちらも試してみたい、とアメリカは考えたに違いありません。

そこで、1945年8月6日にB29は広島にウランを用いた小型の「リトルボーイ」を、8月9日には長崎にプルトニウムを用いた「ファットマン」と呼ばれた原子爆弾をそれぞれ投下したのです。

それにより、少なくとも広島で約14～15万人、長崎で約7～8万人が犠牲となりました。戦争が終わった後も、後遺症に悩まされる人たちが現在もいます。落とされた側がどうなったか、広島と長崎の原爆資料館に記録が残されています。

2016年にやっと、当時のオバマ大統領がアメリカの現職大統領として初めて被爆地・広島を訪れ、広島平和記念資料館を視察し、原爆死没者慰霊碑に献花しました。

多くのアメリカ人は長らく、「戦争を終わらせるために、あの原爆は仕方がなかった」と考えていました。第二次世界大戦の終戦直後の世論調査では、アメリカ人の約85％が原爆投下を「正当だった」と答え、「正当でなかった」と答えたのは、わずか約10％でした。

ところが2015年の世論調査では、65歳以上の約70％が「正当だった」と答えたものの、18歳から29歳の若者については「正当だった」との答えは約47％と過半数を割りました。

戦後、当時の日米双方の公文書が公開され、原爆が使用されなくとも日本は降伏していたという研究論文がアメリカでも出てきているようです。今後、さらに研究が深まり、その研究結果が多くのアメリカの若者たちに知られて、原爆は不要だったという意見が大勢になることを願ってやみません。

未来想像力を妨げる負のパワー

第二次世界大戦における日本の敗戦は、多くの日本人にとって想定外の出来事でした。なぜなら、開戦前から、神国日本は負けないと新聞は書き立て、多くの国民はそれを信じ、軍部を支持していたからです。

このことは、なぜ〝想定外〟の事態が起きてしまうかということを考える時に、**未来想像力を妨げる負のパワー**が存在することを示しています。

真珠湾攻撃は一見成功したかのようでしたが、日本とアメリカの戦力を比較すると、その後の戦いが厳しいことは明らかでした。しかし、大本営会議において、そうした意見を会議で発言しても、「おまえは根性がない」とか、「帝国陸軍や海軍に対する侮辱である」と言われてしまったら、誰も否定的な発言ができなくなります。

逆に、日本の戦力を賛美し、相手を過小評価する発言をしていれば、会議は盛り上がり、気分は高揚し、発言した当人は賞賛されたことでしょう。

そうなればなるほど、その気分に水を差すような発言ができない空気にどんどんなっていく。いわゆる**「同調圧力」**です。つまり、未来想像力はあったとしても、それを発揮できない状況になってしまうのです。これは現在の日本でも、至る所で起こっていることではないでしょうか。

第2章の対人想像力のところで、「空気を読む」ことについて述べましたが、この能力は一方で、未来想像力の発揮を妨げる可能性もあるので、状況に応じてうまく使い分ける必要があります。

同調圧力の弊害は日本だけではありません。2022年11月から12月にかけて中東のカタールで開催されたサッカーのＦＩＦＡワールドカップは、日本代表チームの活躍と、決勝戦のアルゼンチン対フランスの大激戦、アルゼンチンが誇るスーパースターのメッシ選手の悲願のW杯初制覇などで大いに盛り上がりました。

一方で、このカタール大会は開催前からさまざまな問題も指摘されていました。カタールでの開催は2010年に決定したのですが、開催地決定の際のFIFA執行委員会の投票プロセスに問題があり、スタジアム建設などでは6500人もの外国人移民労働者が命を落としたと報じられました。さらに、イスラム教国家であるカタールにおけるLGBT（性的少数者）や女性の人権問題が取り沙汰されました。こうした問題については、出場国の選手らからも批判の声や懸念が表明されていました。

しかし、FIFAは、出場国に対して、「今はサッカーに集中する」よう求める書簡を出し、封じ込めたのです。FIFAはチームや選手に対しては、人権問題やドーピング、八百長などに対して厳しい規定を設けていますが、運営側が問題を起こした場合は、外部からの批判に聞く耳を持っていないようです。

会社組織でも、同様のことが起きてはいないでしょうか。社運をかけてプロジェクトが進行している中で、データに基づいて想定すれば、予算的にはかなり厳しいことになることがはっきりしている、人権上の懸念も想定される、つまり、かなりリスクがあるという状態があったとしましょう。

ところがそこで正直にリスクを指摘するということが、会社の空気を壊すことになり、正論を主張することができない。しかも、プロジェクト実現のためには、経営陣は手段を選ばない構えである。その時、あなたの未来想像力は完全に硬直化し、多様性を失い、機能不全に陥っていることでしょう。

もちろん、あまりにも慎重にやっていたら、何も改革が進まないということはありますが、実は多くの会社の経営が傾く原因は、これもできるだろう、あれもできるだろうと思い、突っ走ってしまうことが原因なのではないでしょうか。

ブレーキをかけながらスピードを加速していけばいいのに、なぜか、ブレーキを外してしまって、アクセルを踏み続けてしまう傾向が組織というものにはあるように見受けられます。そうした企業は、一時的にはよくても、いずれ事故を起こすのは必然と言えるでしょう。

歩いただけでインドを独立に導いたガンディーの読み

未来想像力の成功事例も紹介しましょう。古今東西、歴史的に名を残している人は、やはり優れた未来想像力を持っていたと言えます。

インドの独立運動家であるマハトマ・ガンディーもその一人です。

彼の名を世界に轟かせたのは、1930年の「塩の行進」でした。当時、インドの宗主国だったイギリスは、インド国内で塩を専売して高い税金をかけていました。塩は生活必需品ですから、このことは国民生活の圧迫につながっていたわけです。

それに対し、独立をめざす「インド国民会議」の一員だったガンディーは、抗議のために何をしたのかというと、声高に主張したり、暴力に訴えたりするのではなく、ただ歩いたのです。これが「塩の行進」と言われるものです。

なぜガンディーはこのような行動を起こしたのでしょうか。私は、ガンディーは多くの人と共に行進している自分の姿が、はっきりと想像できていたのではないかと思います。

「塩の行進」の時の写真が残っていますが、国内を練り歩き、最後は海岸に行って、一つかみの泥と塩の塊をつかむという、パフォーマンスと言えばただのパフォーマンスです。ところが結果的に、これがイギリスからの独立につながります。

なぜ、ただの行進が、そのような結果をもたらしたのでしょうか。海に向かって行進す

「塩の行進」をするガンディー（1930 年）

ると、時間がかかります。その間に賛同する人がどんどん参加してきたのです。ガンディーの後に歩く人はどんどん増えていき、それが「塩の行進」になっていったのです。

これはガンディーが頭の中に思い描いたイメージどおりだったと思います。まさに想像が未来を作った好例です。

ガンディーはうまくいかないケースも想像していたと思います。例えば武力に訴えるという方法です。インド人が武力でイギリスに対して戦ったとしても、戦力差は大きいので、かならず鎮圧されて、ひどい目に遭ってしまう。また、たとえ解放を求めてのこととは言え、武力を行使するだけでは国際世論も味方に付きません。

そこでガンディーは、「アヒンサー」という、ヒンドゥー教に昔から伝わる殺生をしないという考え方を大切にし、「非暴力不服従」という大方針を立てました。そういう選択ができたのも、ガンディーの中に、しっかりと暴力を使った後の悲惨な未来が想像できていたからだと思います。

では、こうした想像ができないと、どうなってしまうかというと、例えば、日本でも幕末に生麦事件（１８６２年）がありました。武蔵国生麦村（今の横浜市鶴見区生麦）で薩摩藩主の父の大名行列に馬に乗ったイギリス人４人が遭遇したのですが、行列を遮ったと薩摩藩士が斬りかかり、１人を殺してしまった事件です。翌年、英国艦隊が犯人引き渡しと賠償金を求めて薩摩に向かい、薩英戦争が勃発して、薩摩藩は敗れました。

この薩摩藩士は一見、主君のために勇ましい行動を取ったように見えます。しかし、結果的に薩摩藩に多大な損害をもたらしてしまいました。忠誠心が現代よりずっと重要視された時代とは言え、**未来想像力がないと、取り返しのつかない事態を引き起こしかねないのです。**

未来の絵を描いてみる

では、未来想像力を向上させていくには、どうすればいいのでしょうか。未来想像力とは、**未来を具体的に思い描く力**ですが、頭の中で「思い描く」だけではなく、思い描いたことを**実際に絵で描いてみる**ことをオススメします。

実はこの絵を描くということが、学校教育の中で少し足りない部分です。学校の勉強の多くは、言語表現を中心にして行われるからです。言語でインプットして、言語で覚え、また言語としてアウトプットするのが、学校の勉強の基本です。

一方で、あの俳優の名前は忘れたけれども、顔ははっきりと思い浮かべられるという経験は誰しもあると思います。つまり、絵の方が記憶として定着させやすいのです。

これを未来想像力の強化に使うことができます。自分が想像したことを、ただ頭の中で考えるだけではなく、下手でもいいので絵にしてみるのです。

例えば､自分の将来について想像してみましょう。どのようなところで働いているのか、どのような人と結婚しているのかと、あれこれ考えることはあると思いますが、その姿を実際の絵にする人はほとんどいないと思います。うまく描く必要はありません。何となくでも目に見える形にしてみることが重要なのです。

絵にすることの利点は、自分の想像力の強い所と弱い所、明確にイメージできる所と、曖昧な所を客観的に見ることができることです。将来の姿であっても、例えば着ている服、住んでいる家、結婚相手の顔など、しっかりと描けない部分は、想像しきれていない箇所ということになり、ここが想像の穴になります。

こうした穴を明らかにし、そこをさらにイメージしていくという訓練を続けていくと、高解像度カメラの鮮明な画像のように、**「想像力の画素数」がアップ**して、想像できる未来がよりクリアになっていきます。

存在しない本のカバーをデザインする

絵にする利点の二つ目は、**目標が具体的になりモチベーションを高められる**ことです。

実は、私は自分の本の企画を考える時に、カバーを想像し、自分で書いてみることがあります。こういう内容はどうだろうかと思いついたら、まだ原稿を1文字も書いていないのに、本のタイトルやサブタイトル、オビのコピーをあれこれと想像しながらカバーのイメージを描いて、実際に目の前に形にしてみるわけです。まだ全然中身が決まっていないのに本の全体像をイメージしてしまうのです。

私はイラストレーターでもデザイナーでもありませんので、うまく描くことはできません。それでも描くことによってイメージが湧いてきて、内容も具体的になっていきます。カバーが目の前にあると、できた時の喜びまで感じられて、モチベーションにつながるのです。時には、本の章立てまで想像して書いてしまうこともあります。

こうして、まずは完成形のイメージを創り上げ、そこから逆算して本の制作を始めることがよくあります。未来の先取りみたいなことですが、**完成形がイメージできているので、ゴールまでの段取りが見える**のです。

料理のうまい人は、盛り付けまでの料理の完成形がはっきりと思い浮かんでいます。食材を買い出しに行った時に、今日はこれとこれとこれがいいものだな、旬のものだなと、それらを使った料理の完成形を思い描ければ、後はそれを作るだけです。それが**段取り力**というものです。

同じように本の企画も、絵に描けるくらい想像できていることが、作業を進めていく上で強い支えになってくれます。最終地点のゴールが見えているので、仕事の段取りが見えて、作業が早まります。

逆に、完成形が想像できていない、見通しの立っていない状態で物事を始めてしまうと、見えないリスクを孕んでいる割合が高くなります。ただし、小説家や漫画家や画家など、アーティストの場合は、作者自身がこの先どうなるか分からずに創作活動を行うことによって、作品がより魅力的になることもありますので、この限りではありません。

絵にストーリーを付けて動かす

絵を思い浮かべて描いたら、**その絵にストーリーを付けてみましょう。**どうしてこの絵のような状況になったのかについて、詳しく話を組み立ててみるのです。この作業によって、想像の輪郭が明瞭になり、単なる妄想や夢見ているという段階から、もう少し具体的な形を持ったものとして表れてきます。思い浮かべた絵を、ストーリーに乗せることによって動き出す感覚をぜひ体験してみてください。

ただし、その時に「ウーン……」と下を向いて考え込んでしまうのは良くありません。カフェなどに入って、コーヒーや紅茶を飲みながらリラックスして、ちょっと夢見がちな感じでふわーっと想像力を自由に働かせてみてください。上を見て、飛翔するイメージです。想像力の翼を羽ばたかせて解放させてみましょう。

次の展開を想像しながら漫画を読む

この力を鍛えるのには、**漫画を読む**ことをオススメします。単に読むのではなく、**展開を予想しながら読む**ことが効果的です。

映画やドラマ、アニメだと、自分が予想する前にどんどん話が進んでしまいますので、このトレーニングの場合は少し不向きです。もちろん動画を一時停止することもできますが、やはり自分のペースで読める小説や漫画の方がいいでしょう。途中で紙面から目を離して、この後、主人公はどのような行動を起こすのか、このストーリーはどのような結末を迎えるのかといったことを、あれこれ予想するわけです。

漫画家の想像力にはいつも驚かされます。例えば、『進撃の巨人』の想像力の高さは第1話の巨人の初登場シーンの絵だけで分かります。人体模型のような外見の巨人が、壁の外側から中を覗いている絵を見ただけで、「この巨人は何?」「この壁は何?」「何だか分からないけど、怖い」と、とんでもないストーリーが今後どのように展開するのか、読者の想像力を強く刺激します。

そういった意味では、連載漫画を雑誌で読むこともオススメです。週刊誌ならば、続きを読むまで1週間あります。続けて読んでもらうために、通常、ストーリー漫画では次の号の展開が気になる終わり方をさせます。連載漫画雑誌全盛の時代を生きた子どもたちは、次週号ではどんな展開になるのかを友達と話し合ったりしたことによって、知らず知らずのうちに未来想像力が鍛えられていたように思えます。

私は、『DEATH NOTE』が「週刊少年ジャンプ」に連載されていた頃、子どもと一緒に読んで、**次はどういう展開になるのかをお互い予想し合っていました。**名前を書いた人間を死なせることができるノートをめぐって、主人公と警察側が頭脳戦を繰り広げる内容ですが、展開が本当に入り組んでいて、考えがいのある漫画でした。私たちが予想したとおりにはほとんど展開せず、毎回驚いて感心したことを思い出します。

漫画は想像の宝庫です。私は、『銭ゲバ』『アシュラ』『浮浪雲』といった代表作のあるジョージ秋山さんの大ファンです。小学校低学年の頃から好きで、『ほらふきドンドン』や『パットマンX』、『ゴミムシくん』などを読み漁っていました。とりわけ展開がスピーディーで刺激的だったのは『銭ゲバ』で、この頃からもう次の展開を考えながら読んでいました。毎回予想した展開が裏切られることに驚き、楽しんだ記憶があります。

こうした漫画を読むと、いかに人間の想像力が豊かであるか思い知らされます。荒唐無稽ではなく、あくまでも現実と地続きでリアルなことを描いていても、決して自分では思いつけないものだからです。こうしたものを日常的に読んでいると、常に速い球を打ってくるテニスコーチに特訓されているように、想像力が強く鋭敏になっていきます。

重要なのは、やはり**予想する、つまり能動的に読む**ということです。今の若い人たちは、コスパならぬタイパ（タイムパフォーマンス）を重視しているそうで、音楽のイントロは飛ばす、映画は倍速で見る、漫画もスマートフォンで電子書籍版でどんどんスクロールしながら読んだりしているようです。ただ、それだと「面白かった」と思うだけで終わってしまいがちです。

情報を受動的に収集、消費するという点においては、その方がタイパはいいかもしれません。しかし、せっかくの想像力を養うことはできないでしょう。マラソンの練習をするのに、自分の足で走らずに自転車に乗っていくら走っても、マラソンのトレーニングにはならないのと同じです。

想像力はある程度時間をかけて、じっくり育ててあげる必要があるのです。**次の台詞を想像するくらいの感じで読む**と、自分の未来想像力がきちんと働くようになってくるでしょう。

スポーツを監督目線で観る

私はスポーツ観戦が好きで、いろいろなスポーツを見ますが、未来想像力のある監督とない監督は見ていると分かります。

例えばサッカーですと、ハーフタイムにその差がはっきりと分かります。未来想像力のある監督は、ハーフタイムの時間で、前半の結果を踏まえて、後半はどのような展開になるかをかなり詳細に把握しています。

そのために、良いところはそのままに、穴があるところは選手に指示をしたり、場合によっては選手交代をすることで対処します。それによって、後半が始まってすぐに試合が動くというのはよくあることです。

2022年サッカーFIFAワールドカップでは、日本代表チームが予選リーグでドイツやスペインと同じ組に入り、予選突破はかなり厳しいと見られていました。

その初戦、ワールドカップで4回の優勝を誇る格上ドイツとの一戦で、前半は終始ドイツの攻撃に押されて、1対0で折り返しました。

森保一監督はハーフタイムで、この流れを変えようと積極的に手を打ちました。後半開始から選手交代をして、最も後方を守るセンターバックを2人から3人に増やしました。3バックにシステムを変えたことによって、日本のディフェンスが効果的に機能し始め、ボールを奪ってすばやく攻撃に転じる場面が見られるようになりました。そして、後半に2点を奪って逆転して、見事ドイツから金星を挙げたのです。

さらに日本代表は強豪スペインも撃破し、この死の組を1位通過で決勝トーナメントに勝ち上がりました。ベスト16ではクロアチアにPK戦の末に敗れましたが、深夜や早朝のテレビ放送にもかかわらず、日本中がその戦いを見守り、私たちに心地良い寝不足と興奮と感動を与えてくれました。

選手のみなさんが活躍されたのはもちろんですが、森保監督の采配やマネジメント能力も評価されました。キャプテンの吉田麻也選手は試合後、

「いろんな監督とやってきたけど、間違いなく一番尊敬できる監督。もう一個、監督を上

に連れて行ってあげたかった」

と涙ながらに語っていました。

スポーツを観る時に、選手だけではなく、こうした**監督の采配にも注目して見てみる**と、また別の楽しみがあります。監督はどうしてこのような采配をしたのだろうかと考えて、それが成功したのか、失敗したのか、それはなぜか、と試合を監督目線で俯瞰して見てみましょう。未来想像力のいいトレーニングになります。

常に3パターンをシミュレーションする

シミュレーションとは、現実に実験を行うことが難しい物事について、想定される場面を再現したモデルを用いて、分析することです。近年では、シミュレーションはＡＩを使ってよく行われています。現状のデータをすべて打ち込むことで、次に起こり得る可能性をＡＩが判断して、実際に動かしてみてくれるわけです。

こうしたシミュレーションは、ＡＩだけではなく、私たちも常日頃行っています。例えばお昼に何を食べようかと考える時も、瞬時にいくつかのお店を思い浮かべて、そこで何が食べられるかも考えて、財布と相談し、「今日はこっちではなく、あっちのお店に行こう」などと判断しているからです。

重要なのは、**どれくらいのパターンをシミュレーションできるか**でしょう。ランチのお店も毎日同じところばかりに行くよりも、和食、中華、洋食など選択肢があった方がいいように、一つの可能性だけではなく、未来予測A、B、Cの3パターンくらいシミュレーションできた方がいいでしょう。

完全にうまくいくであろうAパターン、おそらく大丈夫であろうBパターン、そして最悪なケースとしてのCパターンといった具合です。未来予想の優良・可・不可といったところですが、これくらいは想像して、頭の中でシミュレーションできる習慣は身につけておくべきだと思います。

少子化克服の鍵は未来想像力

日本では、1990年代になってから少子化現象が一般の注目を集めるようになりました。1990（平成2）年に、「1・57ショック」で合計特殊出生率の低下傾向が顕在化しました。国はすぐに連絡会議を設置して、少子化社会への対応を重要な政策課題として位置づけました。1994年にはエンゼルプランが策定され、その後もさまざまな少子化対策を実施しています。

しかし、厚生労働省によれば、2021年の出生数は、1899（明治32）年の調査開始以来最少の81万1622人、合計特殊出生率は前年比0・03ポイント減の1・30、2022年の出生数は、約77万1000人、出生率は1・27程度で、自然増減数は低下を続けています。

2023年になり、「異次元の対策」が必要と言われていますが、この事態を予見する未来想像力がこの30年足りていなかったと言えます。

しかも、国立社会保障・人口問題研究所の出生動向基本調査によると、18〜34歳の未婚の女性が希望する子どもの人数は2021年調査では平均1・79人となり、初めて2人を下回りました。

私の父親は10人兄弟です。今の人からすると信じられないかもしれませんが、江戸時代とかではなく、私の祖母の頃ですから、それほど昔のことではありません。経済的理由により、未婚化・少子化が進んでいるという意見が主流のようですが、私の祖母の時代は経済的には今より厳しい時代でした。

なぜそのようなことが可能だったかと言うと、当時は10人くらい子どもがいるのも珍しくなかったからです。では、なぜ10人子どもがいるのが珍しくなかったかと言うと、当時の社会情勢などさまざまな要因もありますが、**結局は、10人くらい子どもがいる家庭を普通に想像できていた**からです。10人子どもを生むことを若いうちから想像できていたから、現実もそうなっていたのです。

一方、現代はどうでしょうか。家族構成は3人くらい子どもがいるのが当たり前と考える人がたくさんいれば、子どもを3人くらい生む母親が多くなるでしょう。2人くらいが当たり前と思っていれば2人になります。

しかし今は、「子どもは1人でいいかな」「子どもはいなくてもいいかな」「そもそも結婚しなくてもいいかな」と思っている人が増えていることもあり、このような少子化になっているのです。

とは言え、時代もまったく異なるので、今の若者に、「10人家族を想像してごらん」と言っても、なかなかできる人はいないでしょう。

昔、『一発貫太くん』というアニメがありました。お母さんが監督を務める少年野球チーム一家の活躍を描いた作品なのですが、選手は8人の子どもたちと1匹の犬なのです。こうした大家族を描いた漫画やアニメ、小説や映画などもずいぶん見かけなくなりました。

また、かつての日本では、養子も一般的でした。あそこは跡継ぎに恵まれなかったから、ウチの子を1人あげよう、といったことが普通に行われていたのです。ですから、実の兄弟でも、養子に行ったために苗字が違っているという人たちもいました。家族の考え方が今とは違っていて、子どもは一族みんなで育てればいいという意識でした。

今の日本の家族形態について社会人類学者の小池誠さんは、「夫婦と子どもから構成される『核家族』（近代家族）を聖域化して、その外部に対して閉鎖性を示す傾向が顕著になっている。都市部ではたとえ実の親であれ、老親を引き取って自宅で面倒をみることは重大な覚悟を伴う決断となっている」（国立民族学博物館『民博通信』2011年度№135）と指摘しています。

さらに、「もともと日本では慣行として養子・里子が盛んであったが、今日ではその実数が激減している。たとえ一時的であれ、『家族』以外の人間と一つの住居で暮らすのに抵抗感を示す人が多くなっている。一昔前は地方出身者がよく親族の家に住み込んで大学に通っていたが、近年は珍しくなっている」とも述べています。

このように、歴史をさかのぼって想像の視野を広げていくと、つい最近まで知らない人とも一緒に家族のように暮らしていたということに、考えが至るわけです。

「想像」と聞くと、何でも自由に思いどおりにできると思いがちですが、実は現実にかなり左右されます。現実にできないと思うことは、想像もなかなかできないのです。

逆に言えば、本気で未来の姿として想像できるならば、それは将来に実現する可能性が高いということです。

アップルの創業者であるスティーブ・ジョブズは、スマートフォンが多くの人に使われている世界を想像できていたはずです。他にも今までにないサービスを展開して、ビジネスで成功している人は、この未来想像力が優れています。

なかなか先を見通すことが難しい時代だからこそ、この未来想像力が重要になっているのです。この未来想像力をどれだけ活かせるかは、個人の力量次第です。**克明に未来の姿を描ける人ほど、先を読みながら現実を生きることができる**でしょう。

第５章 もっと想像力を使うために

追いかけられる悪夢からどう逃れるか

さて、本書では想像力をその働きによって、対人想像力、クリエイティブ想像力、未来想像力の三つに分けて見てきました。これらの三つの想像力はまったく別の能力ではなく、いずれも想像力という能力の三つの側面を形成しています。それらを個々に向上させることは、想像力全体の向上になります。

各章では主にそれぞれの想像力の特徴や高める方法を伝えてきました。この章では想像力全体を高めるヒントを話していきたいと思います。

ところで、私は20代の頃から、悪者に追いかけられる夢ばかり見ていました。必死に逃げようとしているのですが、気持ちばかりがあせって、あたかも水の中を走っているかのように、なかなか前には進めません。一歩進むのにも、ものすごく時間がかかるのです。そのためすぐに捕まりそうになるわけです。

あまりに頻繁にこうした夢を見て、長年苦しんでいたのですが、40代になってとうとうこの悪夢から逃れることができました。

みなさんでしたら、夢の中で悪者に追いかけられて、走っても走ってもなかなか進まず捕まりそうな状況になったらどうされますか？

少し想像力を働かせて考えてみてください。

私はある時、夢の中で、水の中のように足が進まないのならば、もしかして浮力があるのではと想像してみました。そして、地面を蹴ったところ、本当に飛べるようになったのです。ピーターパンのように軽やかに飛んでいました。もちろん夢の中なのですが、本当に飛んでいる感覚があるのです。それ以来、私は悪夢から解き放たれました。

その後、この「飛ぶ」という感覚が新しいアイデアを生むのにも効果的であることに気づきました。私は夢の中の成功体験から現実でも**飛ぶイメージ**を持つようにしています。

軽くジャンプをして、身体の力を抜いて、息を吐きます。コーヒーを飲んで、チョコレートを一粒つまむと、身体も心も軽やかになります。そうして空に向かうイメージをすると、本当に、パッと解放されたかのように飛んでいる感覚を持つことができるのです。今まで近視眼的だった思考が、鳥瞰的に眺められるようになったことによって、問題点が見えてくるようになったりします。

行き詰まった時は、身体を軽くして飛び立つことを想像してみるということを、ぜひやってみてください。心と身体を軽やかな想像が働く状態にセッティングできます。

そのためには、まずは**想像力を発揮しやすいコンディションを整える**ことが第一です。心配事などを頭の中からいったん脇に置いておきましょう。

その上で、とりあえずいろいろなことをぼんやり考えてみましょう。ボーッと想像するということは、普段もされていると思いますが、それを意識的に行うのです。軽やかに想像することによって、気持ちも明るくなります。

好きな音楽で気分を変える

自分の気分を刺激してくれる歌を何曲か持っていると、その日の気分に合わせて音楽を聴くことによって、自分の気持ちをコントロールすることができます。

学生に、

「落ち込んだ時はどうする?」

と尋ねると、約3分の1の学生は、

「好きな音楽をひたすら聴きます」

と答えていました。

お笑いコンビの「とろサーモン」の久保田かずのぶさんは、落ち込んだ時は、「クラシック音楽を爆音で聴く」と言われていました。「クラシック」と「爆音」の組み合わせが面白く、とても印象に残っています。

私も東京で浪人生活をしていた時に、ずいぶんと落ち込んだことがあります。その時は、フランスの作家ロマン・ロランの『ベートーヴェンの生涯』を読み、ベートーヴェンの『第九』や『運命』を聴いていました。その音楽のリズムによって自分自身の精神を鼓舞して、落ち込んでいる状況から立ち直ったという経験があります。

独自の世界観を見せてくれる中森明菜さん

私は若い頃から歌手の中森明菜さんのことが大好きです。彼女は、ただ歌がうまいというだけではなく、その表現力で世界観を創るのが本当にうまい人です。曲ごとにまったく違う景色を、聴き手に見せてくれます。

例えば、16歳のデビュー曲はバラード系の『スローモーション』、その次のシングル曲がツッパリ系の『少女A』、3作目はバラード系の『セカンド・ラブ』、4作目がツッパリ路線の『1／2の神話』というように、バラード系の曲とツッパリ系の曲とを交互に発表していました。

これは明菜さんが当時のアイドルの中で飛び抜けた歌唱力があったため、スタッフが幅広い曲を歌わせようとしたためだそうです。

優しい女性のイメージと強い女性のイメージという両極端を交互に繰り出すように世界を構築していったので、聴き手は揺さぶられて、どちらのタイプの中森明菜さんも好きになるという現象が日本中で起きていたわけです。

しかし、明菜さん本人は、そこからさらに、まったく違う路線の曲も歌ってみたいと思いました。当時まだ18歳でしたが、この人に曲を書いてもらいたいと、明菜さんはその作曲家に、「ツッパった女性と柔和な女性、その真ん中の曲を書いてください」とお願いしたそうです。

作曲家は悩まれたそうですが、その結果生まれた曲は、リズムは感じるけど攻撃的ではない、どこかメロディアスで憂いがあってもバラードではない、というまさに真ん中を行く曲でした。イントロ後半の駆け上がるようなメロディが飛行機の離陸みたいだということで、作詞家は成田空港から彼を追いかけてヨーロッパへと向かう女性をイメージして歌詞を書き上げたそうです。『北ウイング』は明菜さんの新境地を拓く曲になりました。

明菜さんは作品ごとに、その歌詞に描かれている主人公に成りきります。架空の人物ですが、本当に存在しているかのように聴き手には届くわけです。まさにそのヒロインが生きている世界そのものを、想像で作っているのです。

これは歌唱力とはまた違う領域の能力です。カラオケで99点、100点を連発する歌の上手な人はいます。けれども、「ああ上手だな」と思うだけで、それ以上のものを感じることはあまりありません。

ところが、中森明菜さんのように世界観を作れる人は、最初の言葉一つを聞いただけで、聴き手にその曲の世界を想像させることができます。まさに**聞き手の想像力をかき立てて、**一緒のイメージを共有している感じになります。

私たちは、「何か他のものになれる」とか、「他の世界に心を遊ばせることができる」ことに喜びを感じることができます。中森明菜さんのような、非常に優れた表現者たちは、私たちをそうした世界へ連れていってくれるのです。

心の中の母を思い出させる美輪明宏さんの『ヨイトマケの唄』

私はもう20年近く、ずっと美輪明宏さんのコンサートを観に行っています。美輪さんの代表曲の一つに『ヨイトマケの唄』があります。きつい肉体労働で家族を支える母親を讃えた歌です。

美輪さんが自ら作詞・作曲して1965年に発売されると、「母ちゃんのためならエーンヤコーラ」という掛け声で一世を風靡しました。2012年に美輪さんが大晦日のNHK『紅白歌合戦』に初出場し、この歌を披露すると、再び大きな反響を呼びました。

「よいとまけ」とは、「地固めのため、大勢で重い槌《つち》を滑車で上げおろしすること。それをする人」(『岩波国語辞典　第七版新版』)のことで、作業の時の掛け声から生まれた言葉です。

家族のために歯を食いしばって働く母ちゃんの唄は世界一素晴らしい。今でもこの歌を聴くと、私は涙が出てきます。

この歌を聴く人々の脳裏には、例えば500人の聴衆がいたとしたら、500の異なる風景が想像されていることでしょう。もちろん歌詞に歌われているヨイトマケの風景を想像する人もいるでしょうが、多くの人は、やはり自分の母親、特に自分が幼い頃の母親の姿を思い浮かべるのではないでしょうか。

自分のためではなく誰かのために力をふるうことは尊い、誰かのために働くからこそ無限に力が湧いてくるのだというこの歌のメッセージは、普遍的なものです。

私はある時、美輪さんのコンサートの後に控室を訪れ、

「美輪さんの歌は、その歌に歌われた情景も思い浮かびますが、それだけに止まらず、自分の中にあるいろんな感情がかき立てられて、自分の頭の中に絵巻物のように展開するのです。だから、例えば500人の聴衆がいたとしたら、500人の頭の中でそれぞれ展開する絵巻物をプロジェクターに投影できて、見ることができる近未来的な装置があったら

面白いでしょうね」

などと話したことがあります。このように**優れた歌や曲は、人間の想像力を大いに刺激してくれます。**

オノ・ヨーコさんの「想像してごらん」から生まれた名曲

アーティストの想像力と言えば、ジョン・レノンの『イマジン』は外せません。ジョン・レノンが「想像してごらん……」と語りかけるように歌うこの曲は、妻で芸術家のオノ・ヨーコさんから多くの影響を受けたそうです。

２０１７年に全米音楽出版社協会は、『イマジン』を〝世紀の歌〟として表彰し、妻で芸術家のオノ・ヨーコさんが共作者としてクレジットされることが発表されました。

ジョン・レノンは生前、英ＢＢＣのインタビューで、オノ・ヨーコさんもクレジットされるべきだと発言していたのです。

「実はあれはレノン／オノと表記されるべきだった。歌詞やコンセプトの大部分はヨーコから来ていたからだ。あの頃の自分は今よりちょっと自己中心的で、ちょっと男らしさを履き違えてたから、彼女の貢献についてあえて言及しなかった。でも彼女の本、『グレープフルーツ』からまるまる着想を得ていた。"Imagine this"(これを想像してごらん)、"Imagine that"(あれを想像してごらん)って至る所に出てくるからね」

こうしたオノ・ヨーコさんの**「想像してごらん」**をヒントに、ジョン・レノンが文字どおり想像力の翼を広げていって、あのような曲を創り上げたのです。

さらに、オノ・ヨーコさんのいとこで、『ジョン・レノンはなぜ神道に惹かれたのか』(祥伝社新書)という著作もある外交評論家の加瀬英明さんは、「『イマジン』は神道の世界を歌っているにちがいない」と思い、ジョン・レノンにそう言ったそうです。神道は宗教というより心の在り方で、日本では神々が共存し、社会は和の上に築かれてきたという話をすると、目を輝かせて説明を聞いていたと言います。ジョン・レノンはオノ・ヨーコさんに連れられて、伊勢神宮や靖国神社にも参拝したそうです。

ところで『イマジン』は、国も争いも宗教もない平和な世界を想像してごらんと歌っているため、「反戦平和」の曲と思われています。しかし、加瀬さんはそうした評価については次のように言っています。

「ジョンはベトナム戦争では米軍と戦ったベトナム人民を支持し、日本が米国の不当な圧

迫に耐えられず、立ち上って戦ったと信じた。やわな平和主義者ではなかった」（夕刊フジ2020年12月17日配信）

そういう秘話を知って、あらためて『イマジン』を聴き直してみると、ジョン・レノンがこの歌詞にどういう思いを込めたのか、私たちが思い描く世界も今までとは異なるものになるかもしれません。

買うつもりで絵画を鑑賞する

私は、あるホテルのロビーで1億円の盆栽を見たことがあります。

価格というのは非常に影響力があり、値段を聞いたら同じ物でも見る目が変わります。人間は損得勘定によって態度などを変えてしまう「現金」な存在ですから仕方ありません。

普段、美術館や博物館などに行かない人は、この**「現金」な感情を逆手に取って、値段を「ものさし」として芸術鑑賞する**と、鑑賞の本気度が上がると思います。

芸術作品を金額が高いか安いかで判断するのは邪道と思われるかもしれません。たしかに値段がすべてではありませんし、高いからといって自分がその作品に感銘を受けるかといえば違います。

それでもその値段が付いた客観的理由は必ず存在しますので、一度その**値段に沿って鑑賞してみる**というのは、物を見る目、そして想像力を養うために有効なトレーニングです。

私も最初その盆栽を見た時には何も感じなかったのですが、「1億円」と聞いてあらためて観てみると、なるほど根っこから幹へのうねりに100年以上という時の流れを感じて、最終的にはその雄大さに打ちのめされたようになりました。自分は見る目がないと思っている人ほど、価格を聞くといいと思います。

もちろん、実際に買う必要はないのですが、買って自分の家に飾ることまでを想像して芸術作品を見るのもいいでしょう。これは買う買わないとは関係なく、**買うつもりで見る**というのがポイントです。

街の画廊などに行きますと、実際に買えるかもしれない値段の絵も鑑賞できます。数万円から数十万円、数百万円のものまでさまざまです。まったく手が出そうにない何千万円の絵の場合は、「マンションや家を諦めれば、この1枚が買える！」くらいの意気込みで、見てみてください。こうした心の持ちようだけで、ずいぶん見方が変わります。

そのように鑑賞すると、たとえ自分が知らない画家であったとしても、「なるほど、やはり数百万円の値が付く絵は違う」ということに気がついたりします。現実的観点で観るからこそ、真剣に鑑賞するようになるのです。

美術館に展示されているものは、もはや値段が付けられないものがほとんどです。それでも私は、例えば子どもと一緒に行った時は、

「この中で3枚買えるとすれば、どれを買う？」

ということを最初に問いかけて、子どもにも買うつもりで観させたりしました。

これはまさに、**今の自分を本当の意味で刺激するものは何か**を探すことになります。自分は何を欲しているのか、感覚的に渇望しているものは何か、ピカソの作品の中でどれがグッと来るのか、美術館に行くと分かったりします。

魂を刺激するものに出合ったとしても、さすがに高額の本物の絵は手が出ません。その代わりに、**その絵がプリントされたマグカップやクリアファイルなどを買ったりします。**それを日常で使うと、目に付きますので、いつも刺激をもらえることになり、活力になります。

気に入った絵の複製を買うというのも一つの手です。アメリカの画家アンドリュー・ワイエスの『クリスティーナの世界』という絵があります。なだらかに続いている丘が描か

れていて、その下の方に、足の悪い女性が横座りしているという構図です。

大学生の時にこの絵をとても気に入り、ちょうど大学生協でこのポスターが売られていたので買って帰りました。結構大きなものだったこともあり、それを張ると部屋の世界が、ガラッと変わったことを覚えています。その部屋にいる間は、ずっとワイエスの絵の世界観が刺激を与えてくれました。

ある時は、ベルギーの画家ルネ・マルグリットの『光の帝国』という有名な作品があるのですが、それを張っていました。画面の下半分は夜の風景で、家の電灯がついているのですが、上半分には青空が広がっているという絵です。

『クリスティーナの世界』は、この女性はどういう状況なのだろうかと考えさせられますし、『光の帝国』は、不思議に満ちた絵で想像力をかき立てられます。

優れた芸術作品は、その複製やグッズでもいいので身近に置いておくだけで、想像力が刺激されるのです。

大友克洋さんの描いた『バベルの塔』

聖書も、画家の想像力を大いに刺激してきた書物です。聖書に描かれた場面を絵にした宗教画には旧約聖書の世界、新約聖書の世界がたくさん描かれています。

例えば、16世紀の北方ルネサンスの代表的画家であるピーテル・ブリューゲルの代表作に『バベルの塔』があります。

バベルの塔とは、旧約聖書の創世記にある伝説上の塔です。ノアの大洪水の後、人類がメソポタミアの古代都市バビロンに、天に達するほどの高塔を建てようとしたのを、神が怒り、それまで一つであった人間の言葉を混乱させて、互いに通じないようにしたのです。そのため人々は工事を中止し、各地に散ったと言います。

ブリューゲルはこのバベルの塔を題材にした作品を3点描きましたが、現存しているのは2点のみで、作品の大きさの違いから、「大バベル」と「小バベル」と呼ばれています。

小さい方の『バベルの塔』は60センチ×75センチのキャンバスに1400人が緻密に描き込まれているという、すさまじい創造性が発揮された傑作です。

この『バベルの塔』に大きな影響を受けた人に、代表作『童夢』『AKIRA』などで世界的に有名な漫画家の大友克洋さんがいます。私も大好きで、初めて『童夢』を読んだ時には、本当に衝撃を受けました。特にその画力のインパクトが強く、念力のような力で団地の建物の壁が球体にえぐられるような絵は、今でも脳裏に焼きついています。日本の漫画家の技量は、大友克洋さんの登場によって、一つ上のレベルに上がったと言われるくらいの人です。

その大友さんが、『バベルの塔』に刺激されて、自らもバベルの塔の内部を描いた作品『INSIDE BABEL』を2017年に発表しています。クリエイティブ想像力が連鎖していくということです。ブリューゲルの『バベルの塔』が日本に来た展覧会に行きましたが、大友さんの作品も会場で紹介されていました。

日本の漫画界の偉人である手塚治虫は、数々の刺激から自分の作品を生み出していきました。例えばアメリカの映画を観たら、すぐに自分の漫画に活かしていました。単に影響を受けるだけではなく、ドストエフスキーの『罪と罰』を読んだら、それを漫画で再現するといったこともしています。

何か琴線に触れたら、それを自分のフィルターを通して変換してみる作業によって、対象物を自分の中に取り込めた感覚が得られるでしょう。もちろん単なる模倣や、既存のものの反復ではなく、自分への刺激剤と捉えることが重要です。

想像の翼を広げやすい場所を見つける

好きな場所というのも、想像力を刺激するにはとても効果的です。誰にでも心地良いと思える場所はあると思います。私は、洞窟のような喫茶店が昔から好きです。地下への階段を下りていって、ここは地上の世界とは何か違うなと感じるだけで高揚します。

神保町に『神田伯刺西爾《ブラジル》』という喫茶店があります。私は大学時代からよく行っています。神保町に行って、古本屋で本を仕入れて、この地下の喫茶店に入り、とても濃いコーヒーを飲みながら買ったばかりの本を読む。このルーティンを行うと、何か新しいものを生み出したくなって仕方がなくなります。

私は、大学時代に友達3人で「教育ヌーヴェルヴァーグの会」というものを作って活動していました。「ヌーヴェルヴァーグ」というのは、「新しい波」という意味のフランス語で、実際にフランスで起こっていた映画運動のことです。2022年に亡くなったフランスの巨匠ジャン＝リュック・ゴダールや、『大人は判ってくれない』（1959年）などの代表作で知られるフランソワ・トリュフォーなどが中心になっていました。

私はそこから刺激を受けて、教育界を刷新するという志で、大学院生時代の私たち3人で、宣言書のようなものを作って、「教育ヌーヴェルヴァーグの会」を始めたわけです。

このアイデアを思いついたのも、この神田伯刺西爾で友達とコーヒーを飲んでいた時でした。ですから、みなさんも**自分の想像力が刺激されるような場所を探して**みてください。

ボクサー井上尚弥さんの基本と工夫

本書では「**技術としての想像力**」について述べてきました。想像力と言うと、漠然としていて、生まれ持った感性のように思われがちですが、実はれっきとした技術であり、鍛えることができるということを伝えたかったからです。どんなことでも技術がなければ、それを表現することはできません。

2022年12月にボクシングの世界バンタム級4団体統一戦を制した井上尚弥選手は、ボクシング界で最も権威ある米専門誌『ザ・リング』の「パウンド・フォー・パウンド（全階級最強）」ランキングで、日本人選手として初めて1位に君臨した、世界最高のボクサーの一人です。

井上選手の華麗な試合を観ると、安易に「彼は天才だ」と言ってしまいそうになります。

けれども、井上選手のお父さんでトレーナーを務める真吾さんは、「あれは練習で身につけたもの」と言い切ります。

井上選手は、5歳くらいから基礎的な訓練を真吾さんとずっと続けてきたそうです。「できるまでやる、何度でも何度でも」というのが、真吾さんのモットーで、『努力は天才に勝る！』（講談社現代新書、２０１５年）では、親子二人三脚で頂点をめざす様子が描かれています。

お父さんが自動車に乗って、坂道で後ろから井上選手に押させるトレーニングは、テレビでも紹介されてよく知られていますが、さまざまなユニークなトレーニングを考案し、子どもたちを「楽しく、かつしんどく」鍛え上げていきました。

こうした反復トレーニングによって積み上げられたボクシングの基礎基本が、井上選手のボクシングにおける天才的としか言いようのないテクニックを生み出したことが分かります。創造性あふれる闘い方の土台には、しっかりとした基本的技術があったわけです。

井上選手と真吾さんがすごいのは、基本だけではなく、もっとうまくなるために、常に工夫して独自のトレーニング方法を編み出し、練習に取り入れていることです。基礎的な技術を愚直に積み上げることと、クリエイティブな練習とが合わさって、あの圧倒的な実力が生み出されているのです。

江戸時代の剣豪の宮本武蔵は『五輪書』の中で、「**よくよく吟味すべし**」「**よくよく鍛練すべし**」「**よくよく工夫すべし**」と繰り返し記しています。単に愚直に鍛錬するだけではなく、しっかりと吟味と工夫をしなければならないというのがポイントです。そして吟味には理解力が、鍛錬には忍耐力が必要ですが、**工夫には、何よりも想像力が必要**です。

武蔵は剣術や戦い方を向上させるためにこの言葉を残したわけですが、井上選手はまさにこの『五輪書』の教えを、現代のボクシングで実践していると言えます。

「活字エロ」で想像力を鍛える

私は、お笑い芸人のおぎやはぎさんのTBSラジオ『木曜JUNKおぎやはぎのメガネびいき』というラジオ番組が好きでよく聞いているのですが、ある日の回で、小木さんがこんなことを言われていました。

「俺は活字エロの時代に育っているから、今の映像のやつらには絶対に負けない。エロでは負けない」

これを聞いて私は爆笑してしまいました。

性的想像力は、想像力全体の中でもおそらく活発な分野でしょう。現在は、アダルトビデオやインターネット動画が氾濫していて、手軽に観ることができます。しかし、一昔前はインターネットはまだなく、アダルトビデオを観るにはビデオデッキを買って、ソフトをレンタルビデオ屋で勇気を出して借りてこなければなりませんでした。ポルノ映画を上映する映画館にはとても入れませんでした。映像のエロに触れようにもハードルが高く、みんなエロ本や官能小説で性的な興奮を得ていたわけです。

しかし、考えてみると、官能小説を読んで興奮するというプロセスは、人間特有のものであり、想像力をフル回転させることになります。

一方、アダルトビデオ全盛期になり、直接的な映像で安易に性的興奮が得られるようになると、想像力を鍛えるトレーニングとしては、とても重要なものが失われてしまったように思えます。

ラジオを聞いていた中年世代以上の男性リスナーは、「自分も小さい頃から活字エロによって想像力が鍛えられた」と思ったのではないでしょうか。

性的な脳の精力というものがあるとすれば、今のアダルトビデオのファンに比べ、かつての官能小説ファンの方が、おそらくタフだったに違いありません。

活字はイマジネーションを要求します。 それこそ大事なことで、本を読むという行為自体が、遊びながら想像力を鍛える行為なのです。

小木さんの話を聞いていて、活字エロは想像力を育む〝秘伝〟だったのかもしれないと思いました。陰でこっそり想像力を鍛えるトレーニングメニューとしては、これほどいいカリキュラムはないのではないでしょうか。

想像力を発揮して自分を表現できる時代

学生にプリント作成を頼む時に、「できるだけ工夫したものを作ってきてください」とお願いすると、イラストを描いてくる学生が結構います。そのイラストも、手描きもありますし、パソコンを使って描く人もいます。みなさん、かなりのクオリティなのです。

今の時代は、**一人ひとりが表現者、発信者の時代**です。ほとんどの人がＳＮＳを活用していて、大学生になるまでには自分の文章や写真、動画にタイトルを付け、写真を載せて、キャプションを付けるといった作業を経験しています。

そういった作業は、以前ならばクリエイターと呼ばれる人たちが何人かでやるようなプロの仕事でした。それが技術の進歩で、素人でも1人で手軽にできるようになったのです。私は大学の授業で学生たちに、学習内容のコント化やミュージカル化、動画の作成などをやってもらっていますが、今の学生たちのクリエイティブ能力の高さには、私も驚かされます。

平成の時代は、経済的には「失われた30年」などと言われて、何気なく進んできた30年と思われていましたが、無駄な30年ではありません。令和の時代に入ったとたん、クリエイターの群れが現れ、30年間で熟成した力が世に出てきました。これは本当に素晴らしいことです。

一部の表現者だけが芸術家と見られた時代では、もはやありません。もちろんプロは、厳然と存在しますが、みんなが参加できる**「表現の民主主義」の時代**がやってきたのです。

誰もが自分の想像力を使って、生き生きとした自分を自由に表現できるのが、現代という時代なのです。

おわりに

今回の本を執筆するに当たって、まずはあらためて私はどんな時に想像しているのかを考えてみました。

やはりリラックスしている時ということで、風呂が真っ先に思いつきます。私は風呂に入るのがとても好きで、シャワーだけで済ませることはなく、しっかりと湯船に浸かります。そうすると、ふわっと身体が解けるような感覚を得ることができ、その時にいろいろな想像をしています。時には「おおっ」と思わぬ発想が浮かんだりすることもあります。

私はよくプールで泳ぐのですが、20メートルくらい潜水すると、外の音がまったく聞こえなくなり、別世界に入っていく感覚になります。そういう時も、普段はまったく思いつかないようなことが、突然頭に浮かんだりします。

散歩している時も、ボーッと歩いていると、「ああ、そういえば……」と、頭の中で脳が勝手に想像力を働かせてくれるような感覚を持つことがあります。

現代は、スマホでさまざまな情報を得ることのできる時代です。しかし、**スマホにばかり目を奪われてしまうあまり、頭の中で想像することが少なくなっている**気がします。

私はどうしてこんなに本が好きなのかと考えてみると、本はテレビや映画、動画と違って、自分で活字を追って、頭の中でいろいろ想像しながら読めるからなのだと気づきました。頭の中で想像したことで興奮できたり、楽しいと思えたり、ワクワクできるというのがすてきなことだと思うのです。

本編でも書いてきたように、私はミステリーなども好きでよく読むのですが、主人公が人殺しをしてしまって、どうしようもなくなって、追い込まれていくということがよくあります。私は人生においてそんな体験は一度もしたことがありませんが、そういう本を読めば波瀾万丈の人生を体験することもできるのです。

自分が体験したことのない世界を、想像力によって頭の中で経験するプロセスは、まるで自分が映画監督になって、登場人物を動かして映画を1本撮っているようなものです。そういう想像力の訓練を私は毎日しています。いや、訓練といってもまったく苦ではなく、楽しみとして本を読んでいます。

みなさんはどうでしょうか。自分は**想像力の翼を羽ばたかせる時間をどれだけ取ってい**

るのかを、あらためて考えてみてください。体験したことのない世界を想像力によってどれだけ自分の頭の中で経験しているだろうか。あるいは、妄想でもいいと思います。とことん楽観的に考えてみるとか、とことん悲観的に考えてみるとか、これがこうなったらどうなんだろうかと、想像力の翼を広げる楽しい時間を、1日数分でいいので、何かをしながらでも結構ですので、意識的に取るようにしてみてください。

私にとって、想像力に刺激を与えてくれるものは何かと考えてみると、私は犬を飼っているのですが、犬といると、犬の世界は全然違うんだなと思うことがよくあります。

そして、自分が犬になったつもりで、犬の目線で身の回りを見てみると、人間目線とは違ったことに気づく感覚を得られるのです。自分の立場をちょっと変えてみる、**物事を普段見ているのとは異なる側から見てみる**と、新たな気づきを得ることができます。

対人想像力を発揮すると、これまで以上に、人を理解できるようになるでしょう。

クリエイティブ想像力を発揮すると、これまで以上に、魅力的な企画が立てられるようになるでしょう。

未来想像力を発揮すると、これまで以上に、正確な計画が立てられるようになるでしょう。

想像力という能力は、日常生活のあらゆる場面で確かな支えになってくれますので、ぜひ意識して使うようにしてみてください。ただしあまり堅苦しく考えないことも重要です。**「楽しく想像する」が基本**です。

その楽しさをより味わうために、技術を磨きましょうというのがこの本の主旨です。テニスやサッカーといったスポーツも、うまくなればなるほど楽しくなりますよね。それと同じです。

私たちの身の回りには、想像力を刺激してくれるものがたくさんあります。自分の想像力というのは、普段の生活の中で鍛えていけるものであるという実感を持っていただければ、毎日がより楽しくなるのではないかと期待しております。

想像している時は、私にとって祝祭的な時間です。みなさんの日々が少しでも祝祭で彩られる助けにこの本がなれば、これ以上の喜びはありません。

まずは、息をゆったり吐いて、想像の翼に身をまかせてみてください。

2023年2月

齋藤 孝

［本書の内容についてもっと知りたい人のための参考資料］

●書籍
加瀬英明『ジョン・レノンはなぜ神道に惹かれたのか』祥伝社新書、2011年
源信著・川崎庸之他翻訳『往生要集　全現代語訳』講談社学術文庫、2018年
美輪明宏・齋藤孝『人生讃歌』大和書房、2004年
美輪明宏『愛の大売り出し』PARCO出版、2018年
村上春樹「夜中の汽笛について、あるいは物語の効用について」、『夜のくもざる　村上朝日堂短篇小説』（新潮文庫、1998年）所収
横尾忠則『言葉を離れる』講談社文庫、2020年
エッカーマン著・山下肇訳『ゲーテとの対話（上）』岩波文庫、2012年
バルザック『風俗研究』藤原書店、1992年

●記事
〈ハンス・ヘンドリクス　水汲みという重荷を軽減する容器〉ROLEX.org ウェブサイト、1996年
〈世界を変えるのに魔法はいらない　J・K・ローリング「ハーバード大学での卒業スピーチ」〉クーリエ・ジャポンウェブサイト、2008年7月10日配信

〈京都大学霊長類研究所教授　松沢哲郎　講演『想像するちから：チンパンジーが教えてくれた人間の心』〉京都大学霊長類研究所チンパンジー・アイウェブサイト、２０１４年12月４日

〈文学の学校・詳報　村上春樹氏「文章を書く、孤独な作業は『１人カキフライ』によく似ている」、古川日出男氏「見事にカキフライの話をされてしまって…」〉産経ニュース、２０１５年11月29日配信

〈オノ・ヨーコ、「イマジン」の共作者に正式認定〉billboard Japan、２０１７年６月16日配信

〈人の能力は想像力によって決まる～ラクスル松本社長〉日経ビジネスウェブサイト、２０１９年２月26日配信

〈アメリカの日本への原爆投下は「必要なかった」との考えが増加【フィスコ世界経済・金融シナリオ分析会議】〉ロイター、２０２０年８月21日配信

〈【せきぐちあいみ】ＶＲアートの先駆者が語る「一過性のブームで終わらない」ＶＲの可能性〉StoryNews 編集部、２０２２年９月６日配信

●動画

〈障害者専門風○嬢／重度知的障害者や手足動かない客に…〉YouTube『街録ch～あなたの人生、教えて下さい～』、２０２１年12月10日配信

〈元大王製紙会長　井川意高／カジノに狂い　会社の金１０６億使い込み逮捕／部下の裏切りで一族追放〉YouTube『街録ch～あなたの人生、教えて下さい～』、２０２２年９月17日配信

齋藤孝（さいとう・たかし）
明治大学文学部教授。昭和35（1960）年静岡県生まれ。東京大学法学部卒業。同大大学院教育学研究科博士課程等を経て現職。専門は教育学、身体論、コミュニケーション論。著書に『身体感覚を取り戻す』（NHKブックス）、『声に出して読みたい日本語』（草思社）、『マンガで身につく大人の語彙力』『思考の持久力』（以上、扶桑社）、『大人の道徳』（扶桑社新書）、『1日1話、偉人・名言に学ぶ大人の教養33』（扶桑社文庫）、訳書に『現代語訳 論語』（ちくま新書）など多数。

扶桑社新書457

もっと想像力を使いなさい

発行日 2023年3月1日　初版第1刷発行

著　　者………齋藤 孝
発 行 者………小池 英彦
発 行 所………株式会社 扶桑社
〒105-8070
東京都港区芝浦1-1-1 浜松町ビルディング
電話 03-6368-8870（編集）
03-6368-8891（郵便室）
www.fusosha.co.jp

印刷・製本………中央精版印刷株式会社

Printed in Japan　ISBN 978-4-594-09349-5